RAOUL DESLOGES

OU

UN HOMME FORT EN THÈME,

PAR

ALPHONSE KARR.

I

PARIS.
MICHEL LÉVY FRÈRES, LIBRAIRES-ÉDITEURS
RUE VIVIENNE, 2 *bis*.

1851

RAOUL DESLOGES.

En vente chez les mêmes Éditeurs.

OEUVRES NOUVELLES

DE

ALPHONSE DE LAMARTINE.

Format grand in-8, cavalier, à 5 francs le volume.

NOUVELLES CONFIDENCES,

Un volume.

GENEVIÈVE,

Un volume.

TOUSSAINT LOUVERTURE,

Un volume.

Paris. — Imprimerie de madame veuve Dondey-Dupré, 46, rue Saint-Louis, au Marais.

RAOUL DESLOGES

OU

UN HOMME FORT EN THÈME

PAR

ALPHONSE KARR.

I

PARIS.
MICHEL LÉVY FRÈRES, LIBRAIRES-ÉDITEURS
RUE VIVIENNE, 2 bis.

1851

PRÉFACE.

Monsieur,

J'apprends que vous allez publier une nouvelle édition de *Raoul Desloges,* l'un des livres les plus remarquables de mon excellent ami Alphonse Kar, œuvre dans laquelle se résument pour ainsi dire toutes les nuances diverses de son rare talent, ironie acérée, charme touchant, philosophie profonde, et surtout rare bon sens et *utilité pratique.* En effet, presque toutes les œuvres d'Alphonse Kar ont pour but le redressement d'une idée fausse, passée par habitude à l'état de vérité, ou la demande précise et praticable, d'une amélioration sociale; ainsi *Raoul Desloges*, roman rempli d'intérêt, de mouvement, de passion, est encore l'une des plus spirituelles et des plus puissantes protestations que l'on ait écrite contre la vanité des études universitaires, pour les élèves qui ne se destinent ni à la médecine, ni au barreau, ni à la magistrature, et qui après sept ou huit années de grec et de latin, instruction souvent très onéreuse pour leurs parents, sortent du collége absolument incapables d'exercer une profession libérale ou industrielle capable d'assurer leur avenir. Moi-même, après mon ami Alphonse Kar, et sans avoir l'autorité de sa parole, j'ai émis des idées analogues aux siennes sur les études purement universitaires. La question a été longuement débattue dans la presse par des publicistes de talent, et la cause de l'*éducation usuelle professionnelle* a fait un grand pas, par l'École Chapsal, fondée par un homme d'un noble cœur, d'un vaste savoir et d'une grande intelligence, qui avait voué sa vie à l'éducation professionnelle. Telle a été l'avantageuse supériorité des études de cette école, que tout en restant sous la direction de son fondateur, elle est devenue l'un des établissements scolastiques de la ville de Paris, et chaque année constate l'excellence de l'instruction professionnelle et pratique que l'on y reçoit.

Parlerai-je de ces protestations éloquentes, énergiques, incessantes, d'Alphonse Kar, dans *les Guêpes*, sur la barbarie des compagnies de chemins de fer, qui forçaient les voyageurs trop pauvres pour s'asseoir dans des voitures abritées, de s'entasser debout, au péril de leur santé, quelquefois de leur vie, dans des tombereaux découverts, exposés à toutes les rigueurs du temps? Parlerai-je de son indignation d'honnête homme, de sa guerre acharnée contre les vendeurs de pain à faux poids, vol doublement odieux, car le pauvre en est presque la seule victime? Ces abus criants et bien d'autres encore qu'il serait trop long d'énumérer ici, ont cessé, par les modifications apportées dans les règlements ou dans la loi. Disons-le encore, tant d'utiles réformes ont été dues en grande partie à la généreuse initiative d'Alphonse Kar, intrépide adversaire de tout ce qui est faux, lâche, stérile et inhumain.

Agréez, Monsieur, l'assurance de ma considération la plus distinguée,

Eugène SUE.

17 février 1851.

I

C'était le 10 août — et distribution des prix du concours général entre les colléges royaux de Paris et de Versailles ; — la salle de la Sorbonne, où a lieu d'ordinaire cette solennité, était remplie jusqu'aux combles ; — sur une estrade étaient rangés les proviseurs, les censeurs, les professeurs et une foule de dignitaires de l'Université, tous en robes noires, mais faisant reconnaître leurs grades par des rubans jaunes, bleus ou cramoisis placés sur l'épaule, etc., etc. En face d'eux étaient assis les élèves des colléges rivaux ; ceux-là seuls avaient été admis dans la salle qui avaient au moins un *accessit,* les concurrents étant de beaucoup trop nombreux pour que la salle eût pu les contenir tous.

Les parents des lauréats étaient placés plus haut dans des tribunes réservées. — Bientôt les massiers entrèrent, précédant le grand-maître de l'Université. — Je pourrais dire qui était à cette époque le grand-maître, mais ce serait donner à cette histoire une date certaine, et j'ai mes raisons pour qu'elle n'en ait pas. — Un professeur se leva et commença un discours en latin. Il est assez curieux de compter à peu près combien de personnes dans l'assemblée pouvaient comprendre ce discours. Il faut d'abord distraire du nombre des assistants les femmes, qui formaient un peu plus de la moitié de l'assemblée ; ensuite d'entre les hommes — ceux qui n'avaient jamais appris le latin, — puis ceux qui l'avaient appris dix ans comme tout le monde et ne l'avaient jamais su, comme presque tout le monde, — puis ceux qui l'avaient su et l'avaient oublié. — Parmi les collégiens, il faut encore excepter tous les élèves des classes inférieures, — puis, pour ceux des classes plus élevées, il faut constater qu'il leur fallait saisir le sens d'un discours débité rapidement pendant une heure et demie, — tandis que, pour traduire la version de cinquante lignes pour laquelle ils allaient être plus ou moins couronnés, l'Université avait cru devoir leur accorder un espace de six ou huit heures. — Nous voulons bien admettre que tous les professeurs sans exception entendissent l'orateur.

Néanmoins le discours fut, sinon compris,

du moins écouté avec un religieux silence ; — seulement, chaque fois que l'orateur s'arrêta pour respirer ou pour se moucher, — les écoliers, qui n'attendaient qu'un prétexte pour rompre un silence qui les étouffait, se mettaient à applaudir à tout rompre. — Les hommes placés dans les tribunes, voulant paraître aux yeux de leurs voisins avoir parfaitement compris ce qui se disait, applaudissaient de leur côté, — à quoi les voisins répondaient par des applaudissements plus énergiques, pour montrer qu'ils comprenaient aussi bien qu'eux.

L'orateur avait pris pour texte de son discours *les avantages des études universitaires, qui conduisent à tout.* La chose était exprimée en lambeaux de phrases arrachés à tous les anciens et péniblement ajustés et recousus. — Quand ce fut enfin fini, cela causa à l'assemblée une joie qui vint porter jusqu'à la frénésie les applaudissements dont nous avons dévoilé les plus fortes causes; — le grand-maître prit à son tour la parole, — et, dans un discours beaucoup moins long et en français, il parla à son tour des *avantages des études classiques*, et établit qu'elles conduisaient à tout. — Après quoi on commença à lire la liste des vainqueurs. — Le lauréat proclamé traversait les bancs et allait recevoir des mains du grand-maître une couronne et un énorme paquet de livres richement reliés. Puis il embrassait les joues décharnées de l'évêque et revenait à sa place au bruit des applaudissements et des hourras des écoliers du même collége, qui prenaient leur part de son triomphe.

Pendant que ceci se passait régulièrement, des conversations particulières s'étaient établies à demi-voix dans les tribunes réservées au public.

— Madame a probablement un fils parmi les lauréats?

— Oui, monsieur, et sans doute votre présence n'est pas plus désintéressée que la mienne?

— J'espère, madame, que mon fils aura un accessit...

— Je ne sais ce qu'aura le mien, monsieur, mais je commence à avoir le cœur serré.

— En quelle classe est votre fils, madame?

— En seconde, monsieur.

— Alors, madame, votre émotion est un peu prématurée... on n'en est encore qu'à la rhétorique... Et quel âge a M. votre fils?

— Un peu plus de dix-sept ans.

— Le mien est beaucoup plus jeune... Le vôtre est au collége?...

— ****...

— Alors, madame, nous tenons pour le même collége.

— Ah! monsieur votre fils est aussi...

— Oui madame... Madame demeure sans doute dans le quartier du collége?...

— Pas autant que je le voudrais, monsieur, mais je cherche un logement qui me rapproche un peu... C'est si difficile de se loger à Paris!

— Ma foi, madame, j'aurais, pour ma part, tort de me plaindre... voilà trois ans que j'habite une maison où je suis on ne peut mieux... une maison très-tranquille, à dix minutes de chemin du collége...

Il n'y eut pas de réponse; l'interlocutrice pleurait du meilleur de son cœur : — on venait de proclamer pour le premier prix de version latine Raoul Desloges, et un grand jeune homme, pâle d'émotion, traversait la salle au bruit de la musique et des hourras de ses camarades.

L'interlocuteur crut que sa voisine ne l'avait pas entendu et reprit sa phrase.

— Oui, madame, à dix minutes du collége, avec un jardin.

— Pardon, monsieur, répondit la voisine en entrecoupant ses paroles de sanglots, — pardon... c'est que... c'est mon fils.

— Ah! madame, c'est moi qui vous demande pardon, — je comprends bien cette émotion de la part d'une mère. — Les femmes pleurent un peu facilement, dit-il à son voisin de l'autre côté.

La voisine cependant finit par se calmer et fut la première à reprendre la conversation. D'abord elle parla de son fils, il avait au moins huit volumes... Elle trouvait la musique excellente... Son fils ne lui avait rien voulu dire, mais elle était sûre d'avance qu'il n'aurait pas *qu'un accessit...* Elle était fâchée d'une chose, cependant : il s'était obstiné à nouer sa cravate comme un homme, tandis qu'elle voulait qu'il portât son col de chemise rabattu à la Colin. Puis on revint à parler de logement; elle félicitait son voisin... elle serait bien heureuse de trouver un logement semblable au sien.

— Ma foi, madame, cela dépend de vous entièrement — il en reste un à louer dans ma maison...

— Et avec un jardin ?

— Oui, madame, avec un petit jardin.....

— Et où est située cette maison ?

Le voisin ne répondit pas.

— Veuillez me dire, monsieur, où est située la maison dont vous me faites un si grand éloge...

— Pardon, — madame, — pardon... si je

ne vous réponds pas... c'est que... j'étouffe... c'est... c'est mon fils.

Et il se mit à fondre en larmes à son tour.

— Monsieur, je vous félicite...

— C'est un premier prix, madame, et je n'espérais qu'un accessit... Le petit traître m'avait dit qu'il n'était pas fort content de son thème... Un premier prix...

— Sa mère sera bien contente...

— Hélas! madame, il n'a jamais connu sa mère... elle est morte en le mettant au monde.

La conversation fut interrompue pendant quelques temps : puis on revint encore aux logements.

— Oui, madame, rue Pigale, n° 11.

— J'irai dès demain voir l'appartement vacant.

La cérémonie est finie, on se salue, on se sépare... on se perd dans la foule.

C'est ainsi que madame Desloges vint habiter la maison de M. Hédouin.

Madame Desloges était une femme petite, maigre et incroyablement impérieuse ; — mais ce qu'il y avait de particulier dans son caractère, c'est qu'elle était despote sans le savoir. Bien plus, comme les choses souvent, les hommes quelquefois ne se soumettaient pas à ses volontés, elle considérait cette rébellion comme une tyrannie. — A peu près comme ce brave homme qui, arrivant à Londres, pays libre par excellence lui avait-on dit, voulut en faire l'épreuve et brisa la devanture d'une boutique. — Il fut arrêté et mis en prison, d'où il écrivit à ses amis que Londres était un pays de despotisme et de tyrannie. — Or, comme ce n'était pas seulement ses affaires que madame Desloges prétendait conduire, comme elle s'ingérait un peu aussi dans celles d'autrui, — comme sa volonté marchait sur un front large, elle rencontrait en conséquence plus d'obstacles qu'une volonté ordinaire marchant tout droit devant elle en serrant les coudes. — En un mot, madame Desloges avait fini de bonne foi par se croire la femme la plus esclave qu'il y eût au monde. — M. Desloges surtout, à en croire les récits qu'elle faisait volontiers, était le plus féroce tyran qu'on eût jamais rencontré, non pas seulement dans la vie, mais dans les tragédies et dans les journaux. M. Desloges, à le voir, était en effet construit physiquement dans les conditions de tyrannie facile ; — il était grand et fort, sa femme ne lui allait guère qu'au coude, et il l'eût facilement, avec peu d'efforts, cachée dans une des poches de sa grosse redingote d'hiver. Mais quand on voyait ses yeux bleus doux et riants, sa bonhomie, sa simplicité, on avait besoin de se rappeler les plaintes amères de sa victime pour continuer de croire encore à l'odieuse tyrannie qu'il exerçait sur elle et à la crainte profonde qu'il lui inspirait.

Il est bon cependant de dévoiler quelques-uns des actes de ce despotisme. M. Desloges était peintre et ne manquait pas de talent ; — mais, né sans fortune, il avait commencé par donner des leçons de dessin, — qui prenaient une partie de son temps et ne lui permettaient guère de travailler à ses tableaux, malgré sa merveilleuse facilité.

Madame Desloges n'avait pu obtenir de lui la permission de décacheter et de lire ses lettres, — et cette pauvre femme en était réduite à la triste nécessité de ne prendre connaissance de la correspondance de son mari que clandestinement et avec toutes sortes de gênes et de difficultés ennuyeuses.—Ce n'était rien. Sous prétexte de travaux, M. Desloges prétendait avoir un atelier, — dans cet atelier il recevait ses amis — et des modèles ; — dans cet atelier on fumait; dans cet atelier M. Desloges se renfermait des journées entières quand il n'avait pas de leçons, et n'aimait pas qu'on vînt le déranger.—Quand il sortait, il mettait la clef dans sa poche. — Si la servante venait balayer pendant qu'il était au travail, il la renvoyait avec impatience. En vain madame Desloges avait plusieurs fois *prouvé* l'inutilité de cet atelier, en vain elle avait établi que l'on pouvait peindre aussi bien dans une chambre : — M. Desloges avait tenu bon. Madame Desloges avait, il est vrai, une seconde clef de l'atelier, et y *furetait* à loisir dans les heures où son mari était nécessairement absent; mais il revint un jour plus tôt qu'elle ne l'attendait, et il la trouva à même un tiroir. — En vain cette pauvre femme affirma qu'elle ne s'introduisait ainsi que pour mettre de l'ordre. — M. Desloges fit changer la serrure, et quand trois jours après elle arriva avec sa clef pour faire sa petite visite ordinaire, — ladite clef se trouva trois fois trop grosse pour la nouvelle serrure. — Il est vrai que le lendemain un serrurier venait prendre l'empreinte de la serrure ; il est vrai que le surlendemain il apporta une nouvelle clef avec laquelle il ouvrit l'atelier. — Mais M. Desloges, qui y était perfidement rentré, — prit le serrurier par les épaules, lui fit descendre l'escalier plus rapidement qu'il ne l'avait monté, et s'empara de la clef, qu'il mit dans sa poche.

Madame Desloges pleura beaucoup et se promit bien de ne pas oublier cet acte de despotisme. En effet, elle arriva un matin, frappa à l'atelier — et annonça à son mari qu'il fallait quitter cette horrible maison. — Elle avait appris que la portière avait mal parlé d'elle avec une servante qu'elle venait de chasser. De plus, la cuisine était humide, l'escalier sombre ; — en un mot, elle allait chercher un logement. M. Desloges fut d'abord assez contrarié de cette résolution ; ce logement lui plaisait, il y était accoutumé, — et ces futiles considérations l'emportèrent au point qu'il fit quelques observations. On comprend quel chagrin ressentit cette pauvre madame Desloges. — En effet, elle ne pouvait rester dans cette maison : — l'ennui qu'elle y éprouvait avait déjà altéré sa santé ; elle y mourrait. M. Desloges demanda alors qu'on attendît à avoir trouvé une autre maison pour quitter celle qu'il ne pouvait s'empêcher de regretter. — Une heure après, un écriteau collé sur la porte cochère faisait savoir aux passants qu'il y avait au second étage un BEL APPARTEMENT *à louer présentement* et *un atelier* pour le terme suivant. En effet, la location de l'atelier n'avait pas été faite en même temps que celle de l'appartement.

C'est sur ces entrefaites qu'eut lieu la rencontre de madame Desloges et de M. Hédouin ; — elle alla voir le logement de la rue Pigale : — le logement l'enchanta, — elle le retint et donna au portier le denier à Dieu. — M. Desloges fut invité à aller voir l'appartement et à en dire son avis. — Comme il savait que la chose était déjà faite, il n'y alla pas et demanda seulement si l'atelier était situé au nord, — ainsi que cela était à peu près nécessaire pour lui, — à quoi madame Desloges répondit qu'il n'y avait pas d'atelier, — mais qu'il y avait une chambre qui pourrait en tenir lieu. Puis elle répéta tous ses arguments contre l'atelier, — arguments auxquels M. Desloges avait si souvent répondu qu'il ne répondit pas cette fois à la plaidoirie de sa femme. Seulement, quand arriva le jour du déménagement, on lui demanda sa clef pour emporter ce qu'il y avait dans l'atelier ; mais il répondit que l'atelier devant être payé encore trois mois, il comptait en profiter jusque-là. — Il redemanda l'adresse de la maison où il devait aller coucher le soir, et l'écrivit sur son agenda pour ne se point tromper ; puis il alla, comme de coutume, donner ses leçons. — Le soir, il se présenta rue Pigale — et dit au portier :

— Pardon, mon brave homme, mais je crois que c'est ici que je demeure ; — je m'appelle M. Desloges.

— Oui, Monsieur, vos meubles sont arrivés tantôt.

— Madame Desloges est-elle là-haut ?

— Oui, Monsieur.

— A quel étage est-ce que je demeure?

— Au premier étage, Monsieur.

— Merci, mon brave homme.

M. Desloges monta au premier étage et frappa. — Une servante qu'il ne connaissait pas vint ouvrir la porte et lui demanda ce qu'il voulait.

— Mais entrer... J'ai frappé trois fois.

— Il y a une sonnette.

— Je ne savais pas.

— Que demande Monsieur?

— Mais une chambre pour me coucher...

— Comment!... Monsieur... mais... c'est ici madame Desloges.

— Précisément.

— Mais, Monsieur...

— J'oubliais, ma chère enfant, de vous dire que je m'appelle M. Desloges et que je suis le maître de la maison.

— Ah! pardon, Monsieur, c'est que je n'ai

jamais vu Monsieur... je ne suis entrée que ce matin...

— Ah!... Et comment vous appelez-vous?

— Victoire, Monsieur.

M. Desloges donna deux petits coups sur la joue de Victoire et entra chez sa femme.

— Il la trouva de fort mauvaise humeur. — Les commissionnaires avaient fait toutes sortes de dégâts. Il fallut que M. Desloges passât en revue chaque meuble ébréché ou froissé.

— Puis il demanda : Nous avons une nouvelle servante ?

— Fallait-il garder cette impertinente Marianne, qui avait fini par être plus maîtresse que moi dans la maison?

— Celle-ci s'appelle Victoire?

— Oui... eh bien... après?

— Mais après... je ne vois rien à vous dire que bonsoir.

— C'est que vous avez un air...

— Si j'ai un autre air que d'avoir extrêmement sommeil, vous ferez bien de ne pas vous fier à mon air, il vous trompe.

— Dire que je n'ai pas même le droit de chasser une servante...

— Mais, madame Desloges, je vous laisse bien faire à ce sujet ce que vous voulez, je ne dis pas un mot...

— C'est de l'hypocrisie.

— Dites donc, c'est un peu bien loin notre logement.

— Mais non... au contraire...

— Pardon, je croyais... c'est que je viens de la rue Saint-Dominique qui est loin.

— Bonsoir, bonsoir.

Le lendemain était un dimanche. M. Desloges alla passer la journée à son atelier et ne rentra qu'à l'heure du dîner. Le surlendemain, il donna ses leçons. — En rentrant, il demanda ses lettres au portier, — mais celui-ci répondit qu'on les avait données à madame.

— A l'avenir, dit M. Desloges, vous remettrez à madame les lettres qui lui seront adressées et vous garderez mes lettres, que vous me remettrez à moi-même.

— Mais, monsieur, c'est que madame m'a dit de lui remettre toutes les lettres.

— C'est différent.

M. Desloges monte et sonne. C'est une figure qui lui est inconnue qui vient lui ouvrir la porte.

— Pardon, mademoiselle, je me trompe, je croyais être au premier.

— Mais c'est bien ici le premier, monsieur.

— M. Desloges?

— Il est sorti, monsieur.

— Je le sais; mais il ne va pas tarder à rentrer. Je suis M. Desloges.

— Pardon, monsieur, je ne suis entrée *chez madame* que d'aujourd'hui.

M. Desloges demande à sa femme : Est-ce que nous avons deux servantes ?

— Ce serait joli... Je vous reconnais bien là... du désordre, de la prodigalité... Nous irions loin avec ce que vous me donnez, si nous avions deux servantes !

— Mais, ma chère madame Desloges, je ne demande pas que vous ayez deux servantes, je demande *si* vous en avez pris une seconde.

— Du tout, c'est bien assez d'une pour me faire *endéver*.

— Mais, cependant, ce n'est pas Victoire qui m'a ouvert la porte.

— Ah ! vous pensiez retrouver Victoire pour lui taper sur la joue, n'est-ce pas?... Elle est partie.

— Ah ! j'ai tapé si doucement que cela n'a

pas pu lui faire du mal, j'en suis persuadé...
Et comment s'appelle celle-ci ?

— Celle-ci s'appelle Joséphine.

— Merci.

— Il n'y a pas de quoi.

Le lendemain matin, M. Desloges, qui ne connaît pas le jardin, descend pour le voir. C'est une portion d'un grand jardin divisé en trois pour trois locataires différents. Les jardins sont séparés par des treillages.

— Que voulez-vous mettre dans le jardin ? — demanda madame Desloges à son mari.

— Mais ce que vous voudrez.

— Voilà... il faut que je décide tout, que j'aie tous les embarras...

— Mettez-y un gazon et des fleurs.

— Est-ce que vous ne pensez pas qu'il vaudrait mieux y semer un peu de légumes ?

— Comme vous voudrez, mais vous aurez vos légumes deux mois plus tard que les marchands, et les pois vous reviendront à huit francs le litre.

— Oh! je savais bien que je n'avais qu'à parler de légumes pour que vous y missiez de l'opposition!

— Ma foi, non. — Mettez-y des légumes si vous voulez. Où est Raoul?

— Raoul est allé faire une course pour moi à l'ancien logement, où on a oublié quelque chose. Il est en vacances.

— Est-ce qu'il ne doit pas aller passer quinze jours chez mon frère?

— Du tout.

— Mais il me semble que c'était convenu?

— Je n'ai pas envie que mon fils aille chez mes ennemis apprendre à haïr sa mère!

— Mon frère sera furieux.

— Je sais bien que vous me sacrifiez sans cesse à votre odieuse famille.

—Ma foi, non, et si j'ai eu un tort, c'est

de vous sacrifier ma famille. Mon frère ne vient plus chez moi.

— C'est ça, dites comme lui... chez moi... c'est ce qu'il a osé me dire. La dernière fois qu'il est venu, il m'a dit qu'il n'était pas chez moi, mais chez son frère. Tout le monde s'aperçoit bien que je ne suis rien ici, et tout le monde en abuse. Qnand une pauvre femme n'est pas même soutenue par son mari !...

M. Desloges se rappela alors que c'était l'heure de sa leçon chez M. Luchaux.

— Comment ! chez M. Luchaux ?.. il est à la campagne.

Madame Desloges eût voulu retenir ces paroles, car en se les entendant prononcer, elle s'aperçut qu'elle se dénonçait elle-même; elle avait décacheté la veille une lettre adressée par M. Luchaux à M. Desloges, et l'avait assez bien recachetée pour que son mari ne s'en aperçût pas. Elle reprit :

—C'est par hasard hier que j'ai ouvert cette lettre, je la croyais adressée à moi, et j'avais pensé reconnaître l'écriture de ma sœur Dorothée.

— Vous savez bien que votre sœur ne vous écrit plus.

—C'est précisément ce qui m'a fait mettre plus d'empressement à ouvrir cette lettre, que je croyais d'elle.

— Alors, ma chère madame Desloges, puisque le hasard vous a fait savoir que M. Luchaux est à la campagne, et conséquemment que je viens de vous faire un mensonge, il ne me reste plus qu'à vous dire la vérité : c'est que je vais m'en aller à mon atelier. Vous paraissez mal disposée aujourd'hui, et Raoul n'étant pas à la maison...

— Raoul! Raoul! en voilà encore un que vous gâtez et dont vous ferez un médiocre sujet malgré ses heureuses dispositions!

M. Desloges s'en alla à la direction des postes, et pria un de ses amis qui y était employé de faire en sorte qu'on adressât dorénavant ses lettres à son atelier, à son ancien logement.

M. Hédouin demeurait deux étages au-dessus de madame Desloges. Il était resté veuf, encore jeune, avec trois enfants, auxquels il s'était consacré en refusant de se remarier. L'aînée, appelée Marguerite, venait de sortir de pension; la plus jeune, d'une santé délicate, n'y était jamais allée. — Marguerite devait faire l'éducation de sa jeune sœur et prendre la direction du ménage. — Félix était plus jeune que Marguerite, qui avait quinze ans, et plus âgé qu'Alice, qui n'en avait que dix ou onze. — C'est lui que nous avons vu chargé de lauriers au commencement de notre récit. Félix était en pension, de la pension on le conduisait au collège Bourbon, qui ne reçoit pas de pensionnaires, — tandis que Raoul Desloges allait directement de chez son père au collége.

Le matin, à déjeuner, M. Hédouin demanda à Félix s'il avait vu le camarade qui venait d'arriver dans la maison.

— Pas encore, répondit Félix.

— Quel garçon est-ce?

—Qui ça, papa?...Raoul?... C'est *un grand*, — c'est-à-dire que nous ne sommes pas dans la même classe—et que nous ne nous voyons guère qu'un instant dans la cour, au moment d'entrer en classe.—Il est *très fort en version*. — Il y a dans notre classe de cinquième son nom gravé au canif dans le banc à la première place. — Il a fallu plus de huit jours pour l'écrire; on se le rappelle encore en cinquième.— C'est lui qui avait créé l'ordre de la Manche.

— Qu'est-ce que l'ordre de la Manche? demanda Marguerite.

— C'est un ruban noir que toute la classe de cinquième a porté à la boutonnière pendant l'année de Raoul. — Les *redoublants* l'avaient encore l'année d'après.

— Et quelle était l'origine de cet ordre?

— Voilà ce que c'est: un jour, M. Brychamp, qui fait encore notre classe, — avait donné un pensum général — *injustement;* — Raoul profita du moment, où le coude appuyé sur le rebord de sa chaire, M. Brychamp laissait pendre la longue manche de sa robe, pour la couper entièrement avec des ciseaux; — on divisa la manche en petits morceaux dont on fit des décorations.

— Mais c'est un mauvais sujet que M. Raoul.

— Ah! papa, pas du tout; ça n'a pas empêché que cette année-là il ait eu un prix et un accessit au concours. — D'ailleurs, la classe de M. Brychamp est une classe où l'on s'amuse... c'est connu... Nous, nous avons guigné toute l'année son parapluie vert pour en couvrir un cerf-volant. Si vous saviez comme on rit en cinquième ! — C'est-à-dire qu'il y a Maindron, qui vient ici, qui est en troisième, et qui, lorsqu'il est chassé, vient passer deux ou trois jours dans la classe de M. Brychamp. — Le plus souvent, M. Brychamp ne s'en aperçoit pas ; — mais quand il le voit, Maindron se donne pour *un nouveau* et se fait inscrire sous quelque nom burlesque. — Il dit qu'il aurait voulu passer toutes ses études en cinquième. — Au printemps, il avait apporté une fois plus de deux cents hannetons, qui volaient par la classe. Quel brave homme que ce père Brychamp ! comme on s'amuse chez lui ! — Tenez, papa, à la composition des prix, - *on crevait de rire*, —

il y en avait un qui avait fait la caricature de M. Brychamp. — Il l'avait attachée à un fil à l'autre bout duquel était du papier mâché qu'il avait jeté et collé au plafond, — de sorte qu'on voyait le père Brychamp tourner et gigotter. — Et chaque fois qu'il ramasse la copie des devoirs en faisant le tour de la classe, — il y a Joubleau, — un petit — qui, sans qu'il s'en aperçoive, prend et porte la queue de sa robe et le suit ainsi par derrière jusqu'à ce qu'il revienne à sa chaire. — Et il y avait les *épicuriens*. — On se faisait mettre à genoux l'hiver auprès du poêle, et là on faisait cuire des pommes de terre dans le poêle. — Nous étions dix associés pour cela. — La dernière fois, — c'était Joubleau qui s'était fait mettre à genoux ; — je lui *criais tout bas* que les pommes de terre étaient assez cuites, — il me répondait que non. — Eh bien ! M. Brychamp lui a pardonné et lui a dit de se remettre à sa place. — Vous comprenez comme nous étions inquiets. On ne tarde pas à sentir l'odeur des pommes de terre qui brûlaient, — et il n'y avait plus là personne pour les retirer. — Voilà Jules Leroy qui se dévoue. M. Brychamp lui dit de réciter sa leçon. Jules dit qu'il ne la sait pas. Ordinairement, on en est quitte pour être mis à genoux et copier la leçon dix fois. — Mais M. Brychamp était en colère : il le renvoie de la classe. — Les pommes de terre commençaient à sentir très fort. — J'ai fait comme si j'étouffais de rire. — M. Brychamp m'a mis à genoux, et j'ai sauvé les pommes de terre. — Allez, papa, on s'amuse bien tout de même chez M. Brychamp !

— Tu ne connais pas davantage le jeune Desloges ?

— Ah ! si ! Je l'ai vu à l'école de natation, il nage très bien ; *il donne des têtes du pont,*

— Il ressort de tout ceci que vous êtes un tas de mauvais garnemens, et que vous ne valez pas mieux les uns que les autres.

Le lendemain, — Félix et Alice descendirent de bonne heure au jardin ; Raoul était déjà dans celui de madame Desloges ; — il travaillait, bêchait et retournait la terre. — Félix lui dit bonjour d'un signe de tête ; Raoul quitta sa bêche et vint lui donner une poignée de main par-dessus le treillage qui séparait les jardins. — Ils causèrent un peu du collége. Raoul était un grand jeune homme mince et élancé ; ce n'était pas *un joli garçon*, mais il avait de grands traits et la physionomie expressive. — Il était souple et agile, mais il avait seize ans, et depuis quelque temps la timidité, ce tyran des esprits fiers, le rendait gauche et gêné dans le monde, — et surtout, par un instinct secret, devant les femmes. De plus, madame Desloges n'avait pas peu contribué à augmenter cette timidité.—Raoul, d'un caractère ardent et impétueux, était par elle élevé avec une extrême sévérité. — Il redoutait extrêmement sa mère et n'osait dire quatre mots devant elle. — Madame Desloges surtout aurait été loin d'imiter Thétis qui fit élever son fils Achille avec de jeunes filles; — elle aurait voulu au contraire que Raoul n'aperçût jamais une femme. — Elle poussait sa surveillance à ce sujet jusqu'à des limites extrêmes; — peu de filles sont gardées avec autant de sollicitude que l'était Raoul.

Félix se trouva honoré de la poignée de main que lui avait donnée *un grand*; — aussi le soir à dîner, parla-t-il de Raoul avec plus de considération encore que la première fois.

La maison de M. Hédouin était une maison fermée; — il ne venait chez M. Hédouin que quelques vieux amis : — trois pendant longtemps, deux maintenant; le troisième était mort et n'avait pas été remplacé. Ils venaient d'ordinaire le jeudi, causaient et jouaient au tric-trac. — Le dimanche, jour de sortie de Félix, c'étaient les enfants qui recevaient. — Ce jour-là arrivait la tante Desfossés, sœur de M. Hédouin, avec son mari et un petit garçon de neuf ans, — et la tante Clémence, également sœur de M. Hédouin. — On ne l'appelait jamais autrement dans la famille, quoiqu'elle fut mariée depuis longtemps ; — mais son mari, après l'avoir plus d'aux trois quarts ruinée, avait disparu tout à coup, et on n'en avait plus entendu parler que pour apprendre qu'il était mort.—C'était l'aînée de la famille : elle avait un fils qui s'était fait soldat malgré elle, et auquel elle trouvait moyen sur son modique revenu, d'envoyer ce qu'elle appelait ses économies, et ce qu'on eût appelé plus justement ses privations.

Ce jour-là, on jouait au loto et aux charades.

Madame Desloges fit ses visites dans sa nouvelle maison, — mais seulement aux personnes *qu'on pouvait voir* : à M. Hédouin d'abord, puis à un médecin qui occupait le logement situé entre le sien et celui de M. Hédouin. — Le médecin et sa femme accueillirent avec empressement cette déclaration de bon voisinage ; M. Hédouin rendit à madame Desloges sa visite, mais il eut soin de glisser dans la conversation qu'il ne voyait absolument personne, — si ce n'est ses deux sœurs. — Outre son goût pour la retraite, sa fille aînée était encore trop jeune pour tenir la maison, et il n'aurait pu recevoir, quand même cela serait entré dans ses goûts, ce qui n'était nullement.

M. Hédouin fut déclaré *ours*.

Entre autres contradictions dans le caractère de madame Desloges, il y avait celle-ci : — elle surveillait assidûment Raoul et le réprimandait vertement s'il parlait à la servante ; mais comme elle aimait le monde, sans se l'avouer peut-être à elle-même, Raoul, un garçon déjà grand, auquel il fallait faire perdre la gaucherie de son âge et du collége, était un excellent prétexte. — Elle n'allait dans le monde que pour l'y conduire. — La vérité était cependant qu'elle le forçait d'y venir avec elle. Raoul, qu'aucun intérêt n'y amenait, s'y sentait maladroit et embarrassé, et préférait singulièrement au bal le plus brillant une partie de balle au mur, ou une séance à l'école de natation, — parce que là il n'éprouvait pas de gêne et obtenait les plus grands succès aux yeux de ses rivaux et des spectateurs. Il dut cepen-

dant passer une soirée tout entière chez le
médecin. On fit de très-mauvaise musique,
on joua à l'écarté, on but du thé. Raoul fut
aussi inutile qu'ennuyé ; — il se tenait raide
sur son fauteuil — et se mordait les lèvres
pour s'empêcher de dormir. On ne fit aucune
attention à lui jusqu'au moment où il fit tomber et brisa une tasse pleine de thé. Il devint rouge comme une cerise — et crut qu'il
lui arrivait là un grand malheur. — La
femme du médecin répondit aux excuses
qu'il balbutia — que ce n'était rien ; — que
cela, à la vérité, *dépareillait une douzaine* à
laquelle elle tenait beaucoup. M. Duflot, le
médecin, raconta que ces tasses provenaient
d'un service que lui avait offert un homme
auquel il avait sauvé la vie ; — on avait été
assez heureux jusque-là pour n'en pas casser. — Ces discours ne contribuèrent pas à
rendre l'assurance à Raoul, qui se sentit bien

léger et bien heureux quand la soirée fut finie. — Quand on fut rentré, madame Desloges lui reprocha, non pas seulement cette maladresse, mais sa gaucherie pendant toute la soirée; — il n'avait pas desserré les dents; — à quoi sert-il d'envoyer un garçon au collége et de dépenser pour lui *les yeux de la tête*, pour qu'il ne vous fasse pas plus d'honneur dans le monde?

— Mais, ma mère, répondit Raoul, à quoi voulez-vous que me serve dans le monde ce qu'on nous apprend au collége? — Croyez-vous que j'aurais eu plus de succès si j'avais récité une cinquantaine de vers de Virgile ou une ode d'Horace? — Ecoutez si cela va vous amuser :

> Mœcenas, atavis edite regibus,
> O et præsidium et dulce decus meum,
> Sunt quot curriculo pulverem. .

— Taisez-vous !

— Mais, ma mère, je veux que vous entendiez un peu cela, et je vous assure que c'est ce que nous possédons de plus joli :

> Pulverem olympicum
> Collegisse juvat, metaque...

— Assez ! assez !... Mais du moins me direz-vous pourquoi, vous qui pouvez à peine modérer partout ailleurs la brusque rapidité de vos mouvements, vous restez toute une soirée assis, immobile, raide?

— Ma mère, c'est que je suis embarrassé ; j'ai... comme peur... et vous voyez bien que j'ai encore trop remué, puisque du seul mouvement que je me sois permis j'ai eu le malheur de casser une tasse. Tenez, ma mère, si vous vouliez me faire un grand plaisir, ce serait de me laisser à la maison quand vous sortez le soir. Vous ne vous figurez pas à quel point j'étais accablé de sommeil... je me pinçais, je me mordais les lèvres.

— Allez vous coucher !

Le lendemain, dès avant le jour, Raoul était au jardin. — Il avait à faire une expédition que n'eût certainement pas approuvée madame Desloges. — Il emprunta la brouette du portier — et s'en alla hors de la ville, d'où il rapporta sa brouette chargée de bandes de gazon ; — puis il se mit à construire un banc. — Il n'était pas bien avancé dans son travail lorsque M. Desloges descendit. — Il embrassa son fils et lui demanda ce qu'il faisait là.

— Un banc de gazon.

— Sais-tu si cela convient à ta mère ?

— Je ne le lui ai pas demandé.

— Eh bien ! si j'ai un conseil à te donner, c'est de ne pas continuer ; ta mère ne veut voir ici que des légumes.

— Mais moi qui ai été chercher mon gazon si loin!... et de si beau gazon!

— Fais comme tu voudras ; mais je ne te cache pas que je n'oserais pas continuer.

M. Desloges partit. Félix descendit et trouva Raoul en contemplation devant son banc ébauché.

— Tiens, tu fais un banc!

— C'est-à-dire que je ne le fais plus ; ma mère n'en veut pas.

— *Manent opera interrupta,* dit Félix, comparant le banc commencé à la ville de Didon. Qu'est-ce que ça fait à ta mère que tu construises un banc? Nous en bâtirions bien cinquante ici, papa nous laisserait faire.

— Dis donc, Félix, une idée ! Si nous faisions mon banc chez toi?

— Avec ça que nous regrettons bien souvent de n'en pas avoir.

Le gazon fut bientôt transporté dans le

jardin du voisin, et les deux écoliers entassèrent et pétrirent la terre, — puis commencèrent à plaquer le gazon ; — il était placé au-dessous de trois vieux acacias qui confondaient leur tête et lui donnaient de l'ombre. — Ils venaient de donner la dernière main à leur ouvrage, lorsque la servante de madame Desloges vint chercher Raoul pour déjeuner ; — il rentra tout noir de terre et reçut à ce sujet les compliments empressés de madame Desloges.

— Eh ! mon Dieu ! d'où sortez-vous comme cela ?

— J'ai travaillé au jardin.

— Mais, autant que j'ai pu le voir, c'est de la terre qu'il y a dans le jardin, et pas de la boue.

— Ah ! c'est qu'il a fallu la délayer un peu.

— Pourquoi cela ?

— C'est que j'ai fait un banc de gazon.

— Pourquoi faire un banc sur lequel on ne peut s'asseoir, où il y a toutes sortes d'insectes!...

— Ah! ma mère, ce n'est pas dans votre jardin, c'est dans celui de M. Hédouin.

Raoul mangea en un instant et retourna au jardin; il fallait arroser le banc. Et puis il avait avisé encore quelque chose : c'étaient deux autres arbres assez gros et précisément assez distants l'un de l'autre pour y établir une balançoire; la seule proposition de la balançoire fit jeter à Félix des cris de joie. Le jardin de M. Hédouin avait été par lui livré aux enfants. — C'était une pelouse avec cinq ou six grands arbres; — seulement, depuis que Marguerite était sortie de pension, elle avait planté et semé quelques fleurs, que les deux plus jeunes ménageaient avec grand soin. — On alla fouiller les greniers pour trouver une corde convenable; mais comme on n'y put parvenir, Raoul, que son père ne laissait pas manquer d'argent, en alla acheter une, et avant la fin de la journée, la balançoire était installée. Lorsque le lendemain, Raoul vint au jardin, il trouva la balançoire occupée par Marguerite, que Félix balançait un peu plus fort qu'elle ne le voulait. Raoul, qui était entré brusquement dans le jardin de M. Hédouin, s'arrêta à la porte, un peu confus, en apercevant mademoiselle Hédouin, qu'il voyait pour la première fois; — mais Félix l'appela en lui disant : « Eh bien! viens donc, Raoul, c'est ma sœur. » Et comme il avait un instant discontinué à lancer la corde de la balançoire, Marguerite profita du ralentissement du mouvement pour sauter légèrement en bas. Raoul salua sans trop de maladresse, parce que Marguerite, trouvée au milieu de ces jeux de garçon et habillée en très jeune fille avec une robe courte qui laissait voir un pantalon; et les cheveux aplatis sur les tempes, lui fit l'effet d'une sorte de camarade.

— Il lui demanda si elle avait réellement très peur quand la balançoire allait un peu haut.

— J'ai peur, dit-elle, mais ce n'est pas sans un mélange de plaisir. — Je voudrais seulement que Félix arrêtât quand je le demande ; mais quand vous êtes arrivé, il y avait un quart-d'heure qu'il me retenait prisonnière sur la balançoire.

— Voulez-vous encore essayer ? je vous promets d'arrêter la balançoire aussitôt que vous le voudrez. — Marguerite, pour toute réponse, se plaça sur l'escarpolette et Félix d'un côté, Raoul de l'autre, la lancèrent jusque dans le feuillage des arbres. Quand elle demanda à descendre, Félix voulut pousser plus fort, mais Raoul arrêta subitement la corde et l'aida à remettre pied à terre. Il monta à son tour debout sur la balançoire, et se lança avec une telle force que la corde arrivait à être plus qu'horizontale et que Raoul se perdait entièrement dans le feuillage. Sans qu'aucune réflexion lui en vînt a l'esprit, la présence de Marguerite l'animait et faisait disparaître tout danger à ses yeux. — Marguerite cependant le pria de descendre. — Elle avait peur. La petite Alice d'ailleurs demandait à se balancer à son tour. — Mais Marguerite ne voulut permettre à personne de lancer l'escarpolette et elle s'en chargea elle-même. « Vous voyez, monsieur Raoul, dit-elle, que nous faisons honneur à toutes les belles choses que vous avez mises dans notre jardin ; — j'ai été bien contente quand j'ai vu ce banc de gazon ; vous ne sauriez croire combien j'en désirais un. » Raoul ne répondait pas et écoutait à peine. — Pour la première fois de sa vie, il se préoccupait de certains détails de sa toilette, et s'apercevait que ses bas bleus, dont un retombait entièrement sur son talon, manquaient peut-être d'élégance, — et il ne fut pas très fâché d'être appelé pour le déjeuner et d'avoir un prétexte de quitter le jardin de M. Hédouin. — La présence de Marguerite lui causait une impression semblable à celle qu'éprouvait Marguerite sur la balançoire : c'était disait-elle, une peur mêlée de plaisir. — Raoul ne savait pas bien s'il avait envie de la retrouver au jardin quand il retournerait se balancer avec Félix, — et il se traduisait l'embarras que lui avait causé le désordre de ses bas — par : c'est ennuyeux quand il y a des femmes, il faut prendre une foule de soins ! — à l'avenir je surveillerai un peu mes jarretières.

On parla beaucoup au père et du banc de gazon et de la balançoire.—Raoul est le *meilleur enfant du monde*, disait Félix. — Il est un peu imprudent disait Marguerite, — et je mourais de peur de le voir tomber de la balançoire.

M. Hédouin descendit lui-même au jardin pour s'assurer de la solidité de la corde et donner son approbation à l'installation. Il rencontra Raoul et le remercia des complaisances qu'il avait eues pour ses enfants. Raoul se sentit pris, sans savoir pourquoi, d'un vif désir d'être agréable à M. Hédouin, — et, par une coquetterie involontaire, — l'écouta avec cette déférence qui, de la part des jeunes gens, est une puissante flatterie pour les vieillards.

II

Où l'on voit poindre Calixte Mandron.

Comme Marguerite et sa sœur, Raoul et Félix étaient à la balançoire, — un jeune homme entra au jardin; — Félix alla au-devant de lui, — et l'introduisit. Le nouvel arrivé, qui paraissait âgé d'une quinzaine d'années, avait la mise, les manières et la tournure d'un homme de trente ans. Sa cravate était haute, empesée, serrée ; — ses cheveux étaient frisés, ses bottes irréprochablement vernies ; un lorgnon pendait sur son gilet ; — il saluait et parlait avec affectation. Raoul, en ce moment enlevé dans les feuilles par la balançoire, reconnut un camarade de collége et s'écria du haut de l'arbre : — Tiens, Mandron ! ohé, Mandron ! bonjour, Mandron !

Félix lui expliqua que c'était Raoul Desloges, qui, du reste, obéissant aux mouvements de l'escarpolette, — se rapprocha de terre au même instant, — et y sauta légèrement, sans attendre que la balançoire se ralentît. — Ohé, Mandron ! — dit-il, — comme *tu fionnes!* — Mais il rougit tout à coup, et, se retournant vers Marguerite : — Pardon, Mademoiselle, dit-il, c'est un mot du collége ; — c'est pour faire compliment à Mandron de son habit neuf. — Tiens, Mandron, dit Félix, je parlais de toi l'autre jour à papa et à mes sœurs; — je racontais comment tu venais cette année passer de temps en temps trois ou quatre jours en cinquième — chez M. Brychamp. — Ce que j'ai oublié de raconter, c'est qu'un jour de composition, ton arrivée a fait murmurer tout le monde. — Un élève de troisième luttant en thème avec des élèves de cinquième! — tu as composé et tu as été le 42°.

— Parbleu! dit Mandron, je l'avais fait exprès.

— Ah ouiche! exprès, dit Félix; joliment! c'était la dernière composition avant la Saint-Charlemagne, et tu voulais être une fois le premier pour être admis au banquet.

— C'est singulier, dit Mandron en haussant les épaules, quelle importance les enfants attachent à leurs succès de collége!

— C'est bien naturel, répondit Raoul, à

un âge où il est si ridicule de prétendre à d'autres.

Cette réponse ne manquait pas d'âcreté, mais, sans bien comprendre pourquoi, Raoul sentait une sorte de haine contre Calixte Mandron de l'air de supériorité qu'il prenait avec lui, — et aussi à cause de son habit neuf et de sa cravate si bien mise. Cependant — ce n'était pas la première fois qu'il remarquait la mise prétentieusement élégante de son camarade ; — mais jusque-là il s'était contenté d'en rire et de lui jeter quelques sarcasmes d'écolier.

— Eh bien, dit Mandron, vous amusez-vous un peu pendant ces vacances ? — Pour moi c'est un temps ravissant. — Je viens de passer quinze jours au château de mon oncle, en Champagne, et je vais y retourner... pour chasser. — J'ai un fusil. Que faites-vous, vous autres ?

— Mais tu le vois, dit Raoul, nous nous balançons, — nous nous promenons, nous allons à la campagne, et nous recevons de belles visites, — quand de jeunes seigneurs comme toi veulent bien venir nous voir.

— Dis donc, Mandron, dit Félix, veux-tu te balancer?. Je parie que tu ne disparais pas tout à fait dans les arbres, comme Raoul.

Mandron refusa. — Marguerite salua et sortit du jardin avec sa sœur. — Mandron la pria *d'agréer son hommage respectueux.*

— Ah bien, dit Félix, décidément, Calixte, tu *fionnes* trop, vois-tu ; — tu deviens trop monsieur. — Ton *hommage respectueux* à Marguerite, à ma sœur? Pourquoi pas à Alice pendant que tu y étais?

— Est-ce un beau pays, la Champagne? demanda Raoul.

— Magnifique, surtout l'endroit où est le

château de mon oncle. — Il y a une rivière, — la Marne, où je me baignais tous les jours.

— Est-ce que tu nages à présent? dit Félix.

— Comme un poisson, reprit Mandron.

— Ah! moi, je commence... je *descends l'école*.

Mandron resta encore quelque temps, puis prit congé de ses camarades, après avoir dit à Félix : — Est-ce toujours le dimanche que vous jouez aux charades?

— Oui.

— Eh bien, je viendrai dimanche. Adieu.

A peine fut-il parti que Félix s'écria : — Ah! mon Dieu, moi qui lui dis de venir dimanche, — et nous passons la journée à la campagne, à Saint-Ouen, en bateau!

On appela Félix pour le dîner. — Raoul quitta le jardin de M. Hédouin et rentra dans le sien, où il resta seul, — mais il lui sembla qu'il ne savait pas jusque-là ce que c'est que d'être seul. — Sa sensation ressemblait à celle d'un homme qui se serait ennuyé *seul* dans sa chambre, — et qui se trouverait *seul* dans un désert. A l'impatience que lui avait donnée Mandron, il se joignait un peu de mauvaise humeur contre lui-même ; la mise de Mandron était ridicule, — mais la sienne, à lui, Raoul, l'était également : il y a un milieu à suivre entre l'affectation et l'extrême négligence ; — il sentit des mouvements de haine contre ses bas bleus et ses souliers dénoués, — et sa cravate dont le nœud décorait la nuque de son col. Il se demanda si mademoiselle Hédouin, par exemple, n'aurait pas plus d'indulgence pour l'excès de Mandron que pour le sien, — puis il pensa à son isolement, à son père, doux mais toujours absent, à sa mère, toujours présente mais sévère. Il ne comprit que depuis qu'il était seul, qu'il avait été très heureux toute la journée avec la famille Hédouin. — Que fera-t-il ce soir? — Si c'était Mandron, il irait chez M. Hédouin, — comme il doit y aller dimanche... c'est-à-dire dimanche il viendra, mais il ne trouvera personne, — et Raoul se sentit un sourire dans le cœur. — Il alla dîner à son tour ; il feignit un grand mal de tête et obtint de ne pas accompagner sa mère chez le médecin du second ; — il se renferma dans sa chambre — et là pensa encore à Mandron et à la famille Hédouin, à cette partie de campagne à Saint-Ouen, sur la rivière, — en bateau, — il ne se disait pas : — avec Marguerite ; — il sentait, en pensant à la famille Hédouin, une douce chaleur au cœur, sans savoir quel était le foyer d'où partaient ces rayons. — Que de plaisirs ils auront ! quel dommage que je n'en sois pas ! — moi qui conduis si bien un bateau ! — Et s'il arrivait un accident, — si le bateau chavirait, — moi qui ai tant prié Dieu de me faire sauver un noyé, — je retirerais de l'eau un des enfants de M. Hédouin, n'importe lequel, Marguerite par exemple. — Sans doute on dînera dans l'île ; — oh ! le dîner, je m'en moque ! — je voudrais manger du pain et du fromage et être de la partie. J'aime tant l'eau ! — et les saules ! — et l'herbe ! — Comme ils s'amuseront !

Et Raoul se mit à pleurer amèrement, — à pleurer avec délices : depuis le milieu de la journée, il avait ces larmes-là sur le cœur : — elles l'étouffaient. — Les larmes sont quelquefois au cœur ce que sont au goût certains bonbons renfermant une amande amère. — Raoul pleurait sans s'en apercevoir, — un coude sur la table, la tête dans la main, et de l'autre main — faisant des dessins avec l'eau de ses pleurs qui tombaient sur la table. — Après cet ébranlement nerveux, il s'endormit profondément et ne s'éveilla que fort avant dans la nuit.

En sortant de la maison de la rue Pigale, Calixte Mandron rehaussa sa cravate, prit son lorgnon entre deux doigts, en un mot rendit à son air toute l'élégance qu'il avait cru devoir un peu modérer devant les deux écoliers moqueurs. — Il descendit la rue Pigale, la rue Blanche, traversa la rue Saint-Lazare, — et il allait entrer dans la rue du Mont-Blanc lorsqu'il entendit ce *brrrrr* impossible à traduire en lettres écrites que font entendre les peintres en bâtiments qui s'appellent. — Calixte s'arrêta un moment, pâlit, mais continua son chemin sans retourner la tête, — malgré le redoublement d'énergie du terrible *brrrrr* — et les *Calixte, ohé!* qui ne permettaient pas de douter que les *brrrrr* s'adressassent à lui.

L'auteur de cette interpellation peu parlementaire était perché sur un échafaudage, et était en train de peindre un thyrse entouré de pampres sur la façade d'un grand cabaret fort connu, situé rue Saint-Lazare, vis-à-vis la rue du Mont-Blanc. — Il portait un chapeau gris et un habit noir jaspé de toutes les couleurs qui entrent dans le thyrse entouré de raisins. — Le bonnet de papier appartient en propre aux badigeonneurs, aux peintres en bâtiment et aux colleurs de papier. — Mais M. Mandron père ne peignait que l'attribut, c'est-à-dire les ceps de vigne, les *thyrses*, — les *bons coings*, — les *pensées du bon goût*, — les *bouteilles* laissant échapper l'impétueuse *bière de mars*, qui retombe si correctement dans deux verres, — les *mains fermées* désignant de l'index la loge du portier, auquel il faut parler.

M. Mandron avait de la réputation dans son art. — Il dédaignait les *bas* des bonnetiers et les *gants rouges* des mercières. — Il ne s'était résigné à peindre la *lettre ornée* qu'à une époque difficile de sa vie. — C'est un métier lucratif, et M. Mandron y gagnait beaucoup d'argent; — mais il avait décidé, dans son ambition paternelle, que son fils serait avocat ou médecin, — et il vivait avec madame Mandron dans la plus stricte économie — pour entretenir M. Calixte au collége et à une des meilleures pensions, — et le tenir aussi bien vêtu que les plus riches d'entre ses camarades. Mandron n'avait en apparence rien appris au collége; il était connu entre les *cancres*, mot consacré au collége Bourbon, — et qui exprime assez spirituellement les élèves qui reculent à mesure qu'ils sont censés avancer. Il était vrai que Mandron, élève en troisième, composant avec la classe de cinquième, avait obtenu la 42e place sur 55 concurrents. Mais le séjour du collége n'avait pas laissé de porter pour lui quelques fruits. Élevé sur un pied d'égalité avec des jeunes gens de familles opulentes ou au moins aisées, — distinguées ou au moins bourgeoises, — il trouvait ses parents communs et mal élevés, — s'ennuyait avec eux et mourait de peur qu'ils ne se manifestassent. — Jamais il ne menait un camarade chez lui, — et il avait graduellement établi un certain nombre de mensonges magnifiques au sujet de son invisible famille. Ainsi, son père était peintre, — mais peintre d'histoire ; — il lui attribuait, au salon, les tableaux signés trois étoiles, — ou celui qui d'aventure portait pour désignation M***, qu'il traduisait par *Mandron*. — Le château de son oncle — était un château, en effet, dont le frère de son père était concierge. — Tous ces mensonges et mille autres lui étaient devenus si familiers, que non-seulement il les répétait sans le moindre embarras, mais encore sans y faire la moindre attention. Sa mère, qui s'apercevait quelquefois de cette extrême tendance à *imaginer*, disait dans son langage plus que prosaïque : « Ce garçon-là ment sans s'en apercevoir, il ment sous lui. » On comprend facilement que rien au monde ne pouvait lui être plus désagréable que le terrible *brrrr* paternel. Il devait commencer *sa seconde* l'année suivante, — mais sa réputation de menteur était déjà un peu trop établie au collége. — D'ailleurs, il voulait faire le *jeune homme*, le *monsieur*. Quand il *filait*, — mot moderne traduisant l'ancien mot — *faire l'école buissonnière*, — ce n'était pas, comme ses camarades, pour aller nager et patiner. — Il avait dit si souvent l'hiver qu'il nageait comme un poisson, — si souvent l'été qu'il patinait admirablement, qu'il lui était devenu impossible de se livrer devant ses camarades à ces exercices, — qu'il avait fini par ne pas apprendre pour ne pas laisser voir qu'il les ignorait. Il allait jouer au billard — et avait un compte ouvert à un petit café situé sur la place Sainte-Croix, vis-à-vis le collége Bourbon. — Il était en train de persuader au père Mandron qu'il ne ferait jamais un bon avocat, — et qu'il avait une vocation insurmontable pour la peinture, — mais pour la peinture d'histoire, et non pour cette parodie de l'art qu'exerçait son père.

Les menteurs ont besoin de changer souvent d'auditeurs. — Il vient un moment où leur position n'est plus tenable. — Un menteur a besoin d'avoir le double de la mémoire d'un autre homme, il faut qu'il se rappelle et les faits réels et ceux par lesquels il les remplace. Calixte d'ailleurs voyait dans la peinture les flâneries de l'atelier et une liberté plus grande que celle du collége. — De plus, à force de mensonges, il n'arrivait qu'à l'égalité de ses camarades; mais à l'atelier il planerait au-dessus de ses nouveaux compagnons. — Il n'avait pas encore osé faire d'ouverture sur ce sujet à ses parents, qui lui avaient fait faire jusque-là ses études à force de privations. Il était difficile de les faire renoncer tout à coup aux illusions qu'ils avaient caressées si longtemps, et qu'ils étaient loin d'avoir caressées gratis.

Félix raconta à son père qu'il avait à peu près invité un de ses camarades à venir le voir le dimanche suivant, jour destiné à la partie en bateau.

— Eh bien! dit M. Hédouin, écris-lui de venir avec nous à Saint-Ouen. Il faut inviter aussi votre voisin Raoul, qui me convient beaucoup mieux que le petit Mandron.

M. Hédouin rencontra M. Desloges dans la cour et lui dit :

— Votre fils Raoul est plein de complaisance pour son camarade Félix, qui est plus jeune que lui et qu'il pourrait dédaigner pour prendre part à ses jeux ; je voudrais bien que vous lui permissiez de partager un plaisir que j'ai promis à mes enfants : je dois les mener dimanche à la campagne.

— Mon cher voisin, répondit M. Desloges, vous parlez bien là en homme aussi libre que veuf ; mais moi, je suis en puissance de femme : il faut que ce soit la mère qui donne la permission. Je ne puis que vous remercier avec cordialité de votre bienveillance pour Raoul, qui du reste est un excellent garçon, et un enfant qui me fait souvent regretter mes affaires extérieures et mes habitudes vagabondes.

M. Hédouin, qui avait trouvé un peu

sèches les révérences que madame Desloges rendait à ses saluts respectueux depuis qu'il avait éludé des relations habituelles, se contenta de dire à son fils : — Dis à ton camarade de demander à sa mère la permission de venir avec nous dimanche.

Raoul, à cette invitation, découvrit qu'il y avait des bonheurs plus grands que de recevoir un premier prix de version au concours général, — et il monta l'escalier, tout rouge et tout joyeux : — mais quel ne fut pas son désespoir lorsque madame Desloges répondit nettement qu'elle serait trop inquiète, qu'elle mourrait de crainte en sachant son fils sur l'eau ; qu'on n'entendait parler que d'accidents ; — en un mot, — qu'*elle ne voulait pas.* En vain Raoul rappela à sa mère qu'il nageait bien, — et que d'ailleurs ils allaient avec un homme âgé, calme et raisonnable, qui ne s'amuserait pas à conduire ses trois enfants dans un danger. Madame Desloges fut inflexible. — Ce refus fit une révolution dans l'esprit et dans le cœur de Raoul, — il décida qu'il irait à Saint-Ouen, — et allant retrouver Félix au jardin, il lui dit sans s'expliquer davantage : — J'irai avec vous dimanche.

Le dimanche arriva, — on partait à la pointe du jour, — trois heures au moins avant le lever de madame Desloges.—Raoul mourait de peur que le bruit du départ ne réveillât sa mère, — à laquelle il avait laissé une lettre dans laquelle il lui demandait pardon de sa rébellion, — tout en se permettant de discuter ses ordres et d'établir leur absurdité.

Quelle joie quand le fiacre eut dépassé la barrière et quand il les mit tous à terre dans les champs ! — Félix s'élançait et courait à fond de train sans but, sans raison, ou franchissait les fossés ; l'air de la campagne l'enivrait. — Raoul était plus calme, mais son bonheur muet tenait de l'extase. — Marguerite donnait le bras à son père et tenait Alice par la main. Enfin on arriva au bord de la Seine ; — on voyait de l'autre côté de l'eau les grands peupliers et l'herbe verte de l'île. — C'est là qu'était le but de la promenade. On appela Bourdin, — et un batelier vint offrir ses services. — Toute la famille entra dans le bateau de Bourdin, et l'on traversa la rivière. A moitié chemin, Raoul demanda au batelier la permission de le remplacer, — et se servit des rames de façon à s'attirer les éloges de Bourdin, qui dit : Monsieur est marinier? — Le talent révélé de Raoul fit imaginer un autre itinéraire. — On devait d'abord traverser l'île pour aller déjeuner chez le meunier, dont le moulin est sur l'autre bras de la Seine ; mais on demanda à M. Hédouin la permission de faire le tour de l'île en côtoyant le rivage. — On garda le bateau de Bourdin. — M. Hédouin suivit sur terre les sinuosités de la rivière, tandis que Raoul remontait le courant en les suivant sur l'eau, — sous les branches des grands peupliers. — De larges nappes de feuilles vertes supportaient les petites fleurs blanches de la renoncule d'eau. — Au-dessus de ces fleurs voltigeaient des libellules aux ailes de gaze, — au corps de saphir, de turquoise et d'émeraude ; — un martin-pêcheur vert-bleu et jaune, s'échappant des saules dont le pied baignait dans l'eau, poussa un cri aigu et traversa la rivière avec la rapidité d'une flèche. Le soleil ardent était tempéré par une brise rafraîchissante.

— Il vient un moment où, — arrivé à la pointe de l'île, — vers Clichy, — le bateau doit passer entre l'île et un petit îlot couvert de saules ; — puis on traverse la rivière, et on descend alors le courant qui conduit au moulin. — Rien ne porte à la rêverie comme le bruit d'un moulin à eau. Félix de temps en temps laissait échapper une exclamation. — Marguerite était silencieuse. — Pour Raoul, — il sentait des fleurs inconnues s'épanouir dans son âme. Il lui semblait que c'était pour la première fois qu'il voyait des peupliers, qu'il entendait le bruit d'un moulin, le murmure du vent et le bruissement de l'eau, ou du moins que ce qu'il avait vu et entendu jusque là sous ces noms usurpés — n'était que de pâles imitations de ce qu'il voyait et de ce qu'il entendait en ce moment.

Enfin, on arriva au moulin, où on amarra le bateau à un pieu. — Raoul offrit la main à Marguerite pour mettre pied à terre. —

C'est le plus grand trait de courage que son historien connaisse de lui.

On trouva au moulin, où était le rendez-vous général, M. et madame Desfossés avec leur enfant, — la tante Clémence, — et un peu après on vit arriver dans tout son éclat Calixte Mandron. — Un cabaret attient au moulin. — On eut bientôt commandé le déjeuner, et quel déjeuner ! du lait, de la crême, des œufs frais et du pain bis. — Raoul n'était ni gauche ni embarrassé ; — sa force, son agilité, son adresse, son audace, l'emportaient de beaucoup maintenant sur le maintien compassé, sur la raideur de Calixte Mandron. — On servit le déjeuner, tout le monde avait un appétit dévorant ; — Marguerite seule était un peu distraite, — préoccupée. — Raoul, pour le moment, oubliait les rêveries vagues, — il dévorait.

III

La table était mise sous de grands arbres à travers lesquels le soleil tamisait ses rayons. — Par dessous les arbres, on voyait la rivière, divisée en deux bras ; — l'un s'en allait calme, insoucieux, — baignant l'herbe, — du côté de la Garenne-Saint-Denis ; — l'autre, condamné au travail, écumeux, murmurant, faisait tourner la roue du moulin. Une troupe de canards, — le mâle avec son col d'un vert changeant, la femelle modestement vêtue de gris, voguaient avec leurs petits, couverts d'un léger duvet.

Mandron crut du bel air de traiter avec un profond mépris le vin et la chère.

Après le repas, on se promena dans l'île, on cueillit dans le foin de grandes marguerites blanches et du sainfoin aux épis roses, et l'on en tressa des couronnes. — Toutes les élégances de Mandron étaient non-seulement perdues, — mais encore elles lui donnaient un désavantage marqué. — Félix et Raoul le défièrent à la course, — puis à franchir une haie. Il refusa. — Ses deux camarades laissèrent leurs habits au moulin. Calixte n'ôta pas même ses gants. — Aussi, quand on parla de remonter en bateau, comme la société s'était fort accrue, — et comme il n'était pas possible qu'une partie allât par terre à l'île Saint-Denis, où l'on devait dîner, — on prit un second bateau. — Raoul s'écria : Allons, Calixte, — à chacun le nôtre !

— Est-ce qu'on ne peut pas avoir un batelier ? demanda Calixte.

— Mais tu m'as dit que tu conduisais si bien un bateau...

— Oui... oui... quand je suis seul ; mais j'aime mieux causer... et d'ailleurs après déjeuner... et encore, je ne connais pas cette rivière...

On alla appeler Bourdin, mais il promenait quelqu'un et ne devait revenir que dans une heure.

— Si M. Mandron ne se croit pas capable de conduire un bateau, dit M. Hédouin, — il a parfaitement raison de ne pas courir et faire courir à d'autres un danger sans gloire. Nous allons encore nous promener pendant une heure en attendant le retour de Bourdin.

— Ah! quel ennui! s'écria Félix, il n'y a pas le moindre danger. — Raoul passera devant avec son bateau, et nous le suivrons avec le second; je resterai avec Mandron.

Après quelques objections, on se divisa dans les deux bateaux. — La tante Clémence, Marguerite, Alice et l'oncle Desfossés entrèrent dans le bateau de Raoul. — M. Hédouin, la tante Desfossés et son enfant se livrèrent à la conduite de Mandron et de Félix. — Les deux bateaux passèrent devant le moulin et entrèrent dans l'autre bras, dont le courant les porta bientôt aux petits bras de rivière qui forment l'île Saint-Denis. — C'est un des plus charmants endroits du monde. — L'eau coule entre des rives si rapprochées que les saules qui les bordent des deux côtés mêlent et entrelacent les branches de leurs sommets. Marguerite était redevenue rêveuse et appuyait sa jolie tête sur l'épaule de la tante

Clémence, qui elle-même paraissait plongée dans des souvenirs ou dans des regrets. — Alice, assise au fond du bateau, continuait à faire des guirlandes de marguerites. — Raoul, heureux, interdit, — sentait s'éveiller dans son âme des sensations confuses et inconnues. — Il lui semblait que son cœur s'épanouissait sous les regards de Marguerite, — comme les fleurs sous les rayons du soleil. — Il la contemplait en silence, tandis que, les yeux baissés, elle écoutait au dedans d'elle-même des voix mystérieuses qui disaient des choses qu'elle comprenait charmantes, quoique dans une langue ignorée. L'oncle Desfossés lisait le journal.

Dans l'autre bateau, la tante Desfossés tricotait. — L'enfant exigeait qu'on lui donnât un martin-pêcheur qui partait comme une flèche du feuillage d'un saule. — M. Hédouin refesait l'addition de la carte du déjeuner chez le meunier. — Félix ramait et riait en voyant que non-seulement leur bateau restait fort en arrière, mais encore que, loin de remonter le courant, qui leur était devenu contraire depuis qu'on avait pénétré dans la petite rivière, ils étaient inévitablement entraînés. Ce qui faisait rire Félix causait à Mandron une vive colère ; — il était humilié de voir Raoul remonter ce courant par lequel il était emporté. — Laissant échapper des demi-jurons, — il essaya de s'en prendre à Félix, mais celui-ci n'accepta pas ses reproches et lui offrit de le laisser ramer seul. — Enfin, Mandron déclara que le bateau était mauvais, — que d'ailleurs il était plus chargé que l'autre, et que, lui, il avait des ampoules aux mains. — Pendant ce temps, le premier bateau avait assez pris d'avance dans cette sinueuse petite rivière pour que les deux *navires* ne fussent plus en vue l'un de l'autre. La tante Clémence proposa d'attendre, — et Raoul amarra le bateau à un vieux saule. On n'entendait que le bruissement de l'eau sur les flancs de la nacelle.

— Quel silence! dit Marguerite; quelle solitude! — et comme on est heureux ici!

Puis elle s'arrêta, car elle se sentait prête à pleurer.

— Quel bonheur il y aurait, dit Raoul, à avoir une petite maison sous ces arbres et à y passer sa vie entière!

Il regarda Marguerite.

— Comme on serait seul, continua Raoul, dans une de ces petites îles!

— Ah! dit Marguerite, je voudrais y avoir avec moi — mon père, Félix, Alice, ma tante Clémence, et... ajouta-t-elle en rougissant... et quelques amis fidèles.

La tante Clémence montra à Marguerite, d'un signe de tête, — que l'oncle Desfossés était un peu bien près pour qu'on l'oubliât ainsi tout haut. — Mais elle fit voir à sa tante, avec un sourire, que l'oncle Desfossés était absorbé par son journal.

— Quel malheur, dit Raoul à demi voix, que ce ne soit pas votre père qui soit avec nous, ainsi que Félix! Je ne demanderais qu'un naufrage. Comme notre île serait plus charmante que celle de Robinson!

Au bord de l'eau avait fleuri dans l'herbe une petite fleur bleue. Quel vent ou quel oiseau avait jeté sa graine sur ce rivage désert? combien de fois avait-elle déjà ouvert sa corolle d'azur sans qu'aucun regard se fixât sur elle? — Marguerite l'aperçut et dit à la tante Clémence: — Ah! ma tante, la jolie fleur! c'est le *ne m'oubliez pas*.

Raoul cueillit la fleur, et comme il hésitait à l'offrir à Marguerite, Alice la demanda et la lui prit.

— Ah! ma sœur, dit Marguerite, donne-moi cette fleur. Alice semblait vouloir la garder, mais Marguerite lui promit tout bas des choses sans doute si magnifiques qu'elle accepta l'échange avec un sourire de satisfaction et livra la petite fleur bleue.

A ce moment — arrivait le second bateau, grâce à l'assistance d'un pêcheur que l'on avait recruté. Mandron ne parlait pas et semblait de mauvaise humeur. — Félix raconta que sans le pêcheur qu'ils avaient *pris à bord*, ils seraient restés dans les branchages d'un saule tombé dans l'eau.

— Horrible situation! dit Félix, nous n'avions pas de vivres, — et j'ai compris toutes les horreurs que nous racontent les historiens de naufrages. — Je sentais mon affection pour l'enfant de ma tante Desfossés dégénérer tout doucement en appétit. — Je devenais moins sensible à son intelligence précoce qu'à son embonpoint, — et je choisissais une sauce à mon cousin, — lorsque ce *naturel*, auquel nous donnerons avec plaisir quelques *verroteries*, — nous a enfin tirés de notre position désespérée.

— Pour nous, — dit Raoul, — nous pensions à nous établir Robinsons dans cette île déserte.

— Une seule chose nous aurait embarrassés, dit la tante Clémence, à cause de Desfossés ; — comment aurait-il reçu son journal, — lui qui est de mauvaise humeur quand il arrive une demi-heure plus tard que de coutume ?

— Ah ! bien, dit Félix, Raoul n'aurait pas été embarrassé pour en faire un. On m'a raconté qu'il rédigeait un journal pendant sa cinquième ; l'abonnement se payait en nature. — Le journal paraissait tous les jeudis. — Le prix était d'une plume ou de deux carrés de papier appelés *copies*. Cela a fait du bruit dans le temps, — et le rédacteur a été exilé pour un mois.

— Est-ce vrai? demanda M. Hédouin.

— Oui, monsieur, répondit Raoul en rougissant, c'était une plaisanterie qui n'a pas été continuée.

— Ah! monsieur Raoul, dit Marguerite, vous me montrerez ce journal.

— Je tâcherai, mademoiselle, d'en retrouver quelques numéros; — j'ai été en effet un martyr de la liberté de la presse; — je vous dirai comme Enée dit à Didon au second livre de l'*Enéïde : Infandum, regina, jubes...*

— Eh quoi! monsieur Raoul, — allez-vous donc me parler latin!

— Plus, mademoiselle, c'est tout ce qu'on m'a appris. — On nous disait encore, il y a six semaines, à Félix et à moi, à la Sorbonne, que *cela conduit à tout;* — cela me conduit pour le moment à être très-ridicule. — La citation que vous avez si bien fait d'interrompre veut dire en français : — Vous voulez, madame, que je rappelle de cuisantes douleurs!

A ce moment, on quittait les petites rivières pour rentrer dans la grande, — on se trouvait à la pointe de l'île Saint-Denis, — à laquelle demeure M***, restaurateur et maire de l'île, — un excellent homme d'un embonpoint formidable, — qui, par la réunion de ses titre et profession, — peut marier au dessert des cliens que son vin aurait trop attendris.

Pendant le dîner, on causa de choses et d'autres. — Calixte parla des étangs du château de son oncle et des charmantes barques avec lesquelles il voguait dessus. — Là au moins il n'y a pas de courant ni de ces vieux saules qui entraînent ou arrêtent les bateaux.

La tante Clémence et Marguerite ne veulent pas croire qu'il y ait en aucun lieu du monde quelque chose d'aussi charmant que le pays qu'elles viennent de parcourir.

— Ah! dit Calixte, si vous connaissiez l'étang du château de mon oncle! Au lieu de ces vilaines barques plates et lourdes, de petits canots légers comme des cygnes, des avirons qu'on ne sent pas dans les mains.

— Cela, dit Marguerite, nous intéresse peu; nous avions un batelier qui n'avait pas l'air d'éprouver la moindre fatigue.

Raoul ne répondit pas, mais il pensa encore ce qu'il avait déjà songé, c'est qu'il aurait consenti volontiers à passer le reste de sa vie à remonter le courant de l'île Saint-Denis avec Marguerite devant les yeux. — Une chose cependant l'inquiétait sans qu'il démêlât bien pourquoi : — Marguerite n'avait plus à la main la petite fleur bleue qu'il avait cueillie pour elle ; — il pensait qu'elle l'avait ou jetée ou perdue ; — Cette pensée lui causait un chagrin mêlé d'étonnement; il lui semblait que cette fleur méritait un meilleur sort.

Après le dîner on songea à partir. — Calixte Mandron et M. et madame Desfossés avec leur enfant, qui criait maintenant pour avoir la lune qui se levait derrière les saules, traversèrent la rivière pour aller prendre les voitures de Saint-Denis. — La tante Clémence resta avec son frère, son neveu, ses nièces et Raoul. — On reprit le chemin par où on était venu, mais cette fois en descendant le courant. — D'un côté, le soleil couchant montrait l'horizon orange, tandis que, à l'opposé montait le croissant blanc de la lune. — Il serait impossible de dire ce qui se passait dans les esprits ; — la petite Alice, s'endormit la tête sur les genoux de son père.

Félix avait voulu prendre les avirons, que Raoul lui avait volontiers abandonnés. — Pour lui, ses regards contemplaient le ciel et les arbres et l'eau, — puis quelquefois Marguerite, dont le soleil couchant colorait le charmant visage d'une teinte ravissante. — Marguerite avait repris sa position et appuyait sa tête sur l'épaule de la tante Clémence. — La tante Clémence, qui avait une belle voix, se mit à chanter un air lent et mélancolique. Marguerite mêla sa douce voix à celle de sa tante pour chanter une barcarolle. — On arrivait à la rivière du côté de la Garenne; il fallait recommencer à remonter le courant. — Raoul reprit les rames.

. . . .

Madame Desloges n'était pas couchée, — elle attendait son fils. — Il reçut, sans y répondre un mot, les reproches qui ne lui furent pas épargnés. — Il attendit que ce fut fini, puis il se mit au lit, où il s'endormit profondément.

Le lendemain, — Marguerite donna à sa sœur Alice sa dernière, sa magnifique poupée, — avec tous ses costumes.

Raoul donna à Félix sa balle élastique, qu'il avait faite, recouverte et cousue lui-même en classe.

Peu de jours après, c'était la rentrée du collége, Félix retourna à sa pension pour ne sortir que le dimanche, — Raoul commença à aller passer chaque jour quatre heures au collége en deux séances. On remarqua en lui une transformation: il ne portait plus ses livres en les balançant au bout d'une courroie, — il en tenait quelques-uns cachés dans son chapeau, par lequel il avait, après de longues discussions, obtenu de remplacer la casquette : les autres, ouverts et appliqués sur la poitrine, formaient une sorte de cuirasse retenue par l'habit boutonné par-dessus ; des sous-pieds, tirant cruellement le pantalon, — donnaient à ses souliers lacés un certain air des bottes à l'endroit desquelles madame Desloges s'était montrée inflexible. — Il marchait posément dans les rues. — Mais ce qu'on ne remarqua pas moins, c'est qu'il avait perdu toute son ardeur et son ambition. — Il fut le premier à la première composition, — mais à la seconde il ne parut pas au collége.

La classe de rhétorique a une particularité remarquable : — au banc d'honneur, où sont mis ceux qui obtiennent les premières places, est adjointe une table ; — sur cette table un échafaudage de chapeaux permet de dérober aux yeux du professeur les romans et les journaux qu'il est d'usage de lire pendant toute la classe. — Les cabinets de lecture du quartier comptent un grand nombre de rhétoriciens parmi leurs abonnés. Dans les autres classes, les élèves placés sur des gradins écrivent sur leurs genoux, — comme font du reste les rhétoriciens qui n'ont pas place au banc d'honneur. — Raoul se trouva fort gêné de ne plus être au banc d'honneur, et il y reconquit sa place à la troisième composition, où il fut le second. Il ne lisait pas toujours, et ses voisins, à l'affectation avec laquelle il cachait des petits carrés de papier sur lesquels il écrivait, — à la longueur inégale des lignes qu'un regard furtif avait pu discerner, ses voisins le soupçonnèrent de faire des vers.

Entre les deux classes, — Raoul revenait à la rue Pigale ; il se hâtait de faire le devoir imposé, puis il descendait au jardin ; — mais on était à la moitié d'octobre, — il pleuvait souvent ou il faisait froid, — et il était bien rare qu'il y rencontrât Marguerite. — Quelquefois cependant elle s'y trouvait avec sa sœur; ils échangeaient quelques paroles.

— A-t-on des nouvelles de Félix?

— Il a fait demander des plumes ou du papier; — il a renvoyé un habit en lambeaux; — il est en retenue pour dimanche et ne viendra pas à la maison.

D'autres fois la conversation prenait une autre tournure :

— Il fait froid.

— Oui, mais moins froid qu'hier.

— Je ne suis point de votre avis.

Ou bien encore : — C'est aujourd'hui vendredi.

— Oui, c'est après-demain dimanche.

Eh bien, pour ne pas perdre une semblable conversation, tout insignifiante qu'elle puisse paraître, Raoul avait renoncé à tous les jeux, à toutes les promenades. — Et Marguerite préparait deux jours à l'avance un prétexte de descendre au jardin. — Que d'adresse cette pauvre jeune fille, si franche, si naturelle jusqu'alors, employait pour se le faire demander par Alice! Combien de fois elle y oubliait, ou un livre, — ou son dé, — ou ses ciseaux!

Raoul, qui avait, comme nous l'avons dit, sa chambre sous les toits, montait et descendait vingt fois par jour.— Marguerite reconnaissait son pas ; elle était triste, elle était inquiète ; elle recherchait plus que de coutume sa tante Clémence ; elle se sentait avec elle une sorte d'affinité mystérieuse ; il lui semblait que la tante Clémence aurait pu lui dire de quoi elle souffrait, — de quoi elle avait si souvent envie de pleurer; quand elle la voyait arriver, ou quand M. Hédouin lui permettait de se faire conduire chez elle par la servante, elle se sentait heureuse. Jamais elle ne lui disait un mot de ce qu'elle éprouvait ; mais elle se sentait auprès d'elle plus forte, plus assurée contre des dangers, contre des obstacles qu'elle redoutait sans les connaître, sans même les deviner.

Raoul ne tarda pas autant à donner un nom au sentiment nouveau qui s'était emparé de son cœur. Ses lectures l'avaient instruit; il vit bien qu'il était amoureux. — Il en était aussi fier — que d'un léger duvet qui depuis quelque temps paraissait au-dessus de sa lèvre supérieure, quand on était placé *en un certain jour*. — Il savait bien qu'il fallait *déclarer son amour*; mais un jour qu'il alla jusqu'à dire à Marguerite, en la rencontrant au jardin: — Il fait froid, — je n'espérais pas vous voir, — ces mots faillirent l'étrangler au passage, — et il resta tout tremblant. — Il faisait des vers, mais il les déchirait ensuite.

— Il vint un moment où il fut irrité contre lui-même de sa timidité, — où il se dit qu'il fallait faire *sa déclaration* ; — et il fut comme délivré d'un grand danger, lorsqu'une pluie inflexible, qui tomba pendant huit jours, — l'empêcha de rencontrer Marguerite au jardin ; — pendant le plus fort de l'averse et de l'impossibilité, il se sentait plus brave qu'il n'était nécessaire, — mais son courage diminuait sensiblement au premier point bleu qui reparaissait au ciel, — au premier rayon de soleil qui perçait les nuages. — Il se mit ensuite à geler avec violence, et Calixte l'entraîna à la Glacière derrière l'Observatoire, pour patiner pendant l'heure des classes. — Il s'étonnait lui-même de ne plus autant penser à Marguerite.

Un jour, à l'heure du dîner, madame Desloges avertit son fils qu'il passait la soirée avec elle chez le médecin. — Raoul avait le médecin en horreur.—Il prétexta des devoirs à finir ; —madame Desloges lui permit de venir seulement la rejoindre à dix heures. — A peine fut-elle partie que Raoul, qui avait patiné toute la journée, se mit dans un fauteuil et s'endormit; — il ne se réveilla qu'à dix heures passées; — il appela la servante et lui dit : — Rose, vous allez monter chez le docteur, vous direz à ma mère que j'ai un horrible mal de tête, et qu'il m'est impossible d'avoir le plaisir de l'aller chercher.

— Ah! monsieur, dit Rose, ne faites pas cela, madame sera trop en colère!

— C'est que ça m'ennuie, dit Raoul.

— Vous serez habillé en cinq minutes, toutes *vos affaires* sont prêtes. — D'ailleurs vous vous amuserez peut-être. — On fait de la musique, — on l'entend de la cuisine comme si on y était.

Raoul se décida en rechignant; — il s'habilla de mauvaise grâce, — puis il finit par monter.— Quand le domestique lui demanda son nom pour l'annoncer, il put à peine le dire, et eut un moment envie de s'enfuir sans répondre, et d'aller se coucher. — C'était la première fois de sa vie que Raoul entrait seul dans un salon. Jusque-là, chaque fois qu'il avait été dans le monde, ç'avait été pour accompagner sa mère, et on n'annonçait qu'elle.

Le domestique ouvrit la porte du salon, — et dit à haute voix : — M. Raoul Desloges.— Raoul sentit ses jambes trembler, — sa vue se troubla, — il chercha autour du salon et aperçut sa mère, auprès de laquelle il se réfugia en toute hâte, — il se sentait le visage en feu; — madame Desloges lui dit tout bas d'aller saluer la maîtresse de la maison.

— Qui ? moi? — dit-il, — que je traverse encore une fois le salon, que je passe devant ces femmes? que j'aille dire... — Et que dirais-je d'ailleurs?... J'aimerais mieux me sauver et aller me coucher.

En ce moment la femme du médecin se rapprocha, — madame Desloges présenta son fils, — qui en fut quitte pour quelques saluts assez gauchement exécutés.

Le docteur vint à son tour — et le trouva *grandi*. — Raoul fut d'autant plus irrité de cet éloge — qu'on lui adressait, — qu'il aperçut en ce moment Marguerite Hédouin dans l'embrasure d'une fenêtre : — il alla à elle — avec empressement — comme à un refuge. — Il se moqua le premier du compliment du docteur. — Il y a un de mes camarades, dit-il, qui a été mis, étant très enfant, dans une petite école dont le maître, pour contenter les parents, trouvait une foule de prétextes ingénieux pour donner des prix à tous ses élèves : — prix d'application, prix d'encouragement, prix d'émulation, — prix de douceur, prix de docilité, etc. — Cependant, malgré l'élasticité de ce cadre, mon camarade, — qui n'est autre que Calixte Mandron, ne pouvait, sans faire murmurer, fournir un prétexte suffisant pour avoir de ces prix. — Le maître ne se découragea pas, il lui donna un *prix de croissance*. — Il paraît que j'aurais été pour lui un concurrent redoutable si le docteur avait été chargé de décerner les prix.

Raoul était plus heureux qu'on ne le saurait dire de la contenance que lui donnait sa conversation avec Marguerite, — mais le piano fit entendre une ritournelle, et un jeune homme vint chercher Marguerite, avec laquelle il dansait. — Raoul se trouva seul derechef, — il se leva, — mais il n'osait marcher, — il alla s'appuyer contre une porte derrière Marguerite et son danseur. Il la vit alors sous un nouveau jour, — la souplesse et l'élégance de sa taille paraissaient avec tous leurs avantages ; — elle était vêtue d'une robe de crêpe blanc, — sur ses cheveux bruns lisses et brillants était posée une couronne de roses simples jaunes, — ses petits pieds étaient renfermés sans contrainte dans des souliers de satin blanc. — Elle dansait avec grâce et avec simplicité, — elle écoutait avec une négligence sans affectation les lieux-communs que lui adressait son danseur, —tout le monde la trouvait charmante. — Raoul se sentit à un certain point irrité contre elle, — il se compara aux autres hommes — et il reconnut l'insuffisance de toute son industrie pour donner l'air de bottes à ses souliers lacés, — sa cravate surtout le rendait honteux, — le danseur de Marguerite avait attaché la sienne d'un certain nœud qui faisait grande envie à Raoul, — il se rappela que Calixte savait faire ce nœud, et il se promit bien de ne pas tarder à se faire initier. Malgré la grâce naturelle qu'ont toutes les femmes, auxquelles d'ailleurs un peu de gaucherie et d'embarras ne messied pas, Marguerite n'était pas tout à fait à son aise chez le docteur.

— Son père, qui avait pour cette fois cédé à de nouvelles instances, — jouait dans une autre pièce et laissait sa fille confiée aux soins de la maîtresse de maison, — qui était obligée de s'occuper de tout le monde; elle se fit reconduire à la place qu'elle avait quittée, et ne fut pas fâchée d'y retrouver Raoul, — qui, voyant la contredanse finie, était allé l'y attendre. Elle le trouva très malveillant pour les *riches habits*, pour les *bottes vernies*, pour les plaisirs et pour les manières du monde. Jamais philosophe ne professa autant de mépris pour les choses qu'il ne pouvait atteindre, et ne traita si dédaigneusement de futilités les objets de sa secrète et malheureuse ambition.

— Combien je préfère, dit-il, à ces réunions brillantes nos promenades sur l'eau! combien sont différentes les rêveries qu'inspirent les molles clartés de la lune, des pensers qui éclosent à la lueur des lustres et des bougies !

— Ecoutez donc, dit Marguerite, on ne peut se promener sur l'eau au clair de la lune dans le mois de novembre. N'aimez-vous donc pas la musique ?

— Oui, mais j'ai la danse en horreur.

Raoul ne savait pas danser, — et d'ailleurs, dans ce salon où Marguerite était une femme, lui qui n'était qu'un enfant, grâce à ses souliers lacés, à sa timidité et à son titre de lycéen, il voulut, à force de gravité, se faire prendre au sérieux.

— Vous pouvez ne pas aimer la danse, dit Marguerite, mais cependant il faut savoir danser.

Raoul fit un geste dédaigneux.

— Si vous saviez danser et si vous vouliez danser, dit Marguerite, je pourrais vous raconter le malheur arrivé à Félix, qui est en retenue pour dimanche prochain, — tandis que... Tenez, la musique commence et on vient me chercher.

Pendant cette contredanse, madame Desloges fit un signe à son fils, — et quand il fut auprès d'elle, elle lui annonça qu'il était temps de partir. — Raoul fut un peu plus contrarié de s'en aller qu'il ne l'avait été de venir; mais il fallait obéir. — Il ne dormit pas de la nuit : cette musique, ces bougies, ces parures dont il avait parlé avec tant d'âcreté, lui avaient causé une complète ivresse. — Que Marguerite était donc jolie et gracieuse ! — comme elle avait dû le trouver laid et maladroit ! Il la haïssait presque à cette pensée. Il haïssait tout à fait ces jeunes gens, si beaux, si bien habillés, qui lui avaient parlé, qui avaient dansé avec elle. — S'il savait seulement faire ce nœud de cravate ! — s'il savait danser ! — Mais danser avec des souliers lacés !

Au déjeûner, il annonça formellement à sa mère qu'il n'irait plus nulle part tant qu'il ne serait pas mis comme tous les jeunes gens qu'il voyait dans le monde. Madame Desloges sourit et lui répondit qu'il n'était qu'un enfant, qu'il serait ridicule qu'il fût mis autrement.

IV

Raoul avait rendez-vous ce jour-là avec Mandron aux Tuileries. — La glacière était décidément trop loin ; on dépensait plus de la moitié de son temps sur la route et il n'en restait pas assez pour patiner, — et on avait décidé qu'on courrait les risques d'être rencontrés, mais qu'on patinerait désormais sur le grand bassin des Tuileries.

Calixte avait quitté le collége, — il était artiste ! — il ne parlait plus que d'académies, — de modèles. — La vérité est qu'il copiait des *nez*, ce que même la plus stricte décence n'ordonne pas de voiler, du moins dans ce pays-ci. Sa mère était persuadée qu'il deviendrait un grand peintre, — son père se contentait de le désirer.

Raoul avait le cœur plein ; au lieu de descendre sur le bassin pour patiner, il appela Calixte, et en se promenant avec lui sous les arbres chargés de givre, — il lui avoua — qu'il était amoureux. Mais Calixte n'apporta pas dans cette conversation tout le sérieux, toute la solennité qu'y mit Raoul, de sorte que celui-ci ne tarda pas à s'arrêter dans ses confidences, il refusa de nommer, et même de désigner *la personne* objet d'une si belle flamme. — Néanmoins, Mandron se récria fort à certains détails, — et quand Raoul parla du respect, de la timidité qu'il ressentait en présence de Marguerite, Mandron, qui n'aurait pas été plus brave, le plaisanta amèrement sur *son platonisme*, et développa sur les femmes et sur l'amour des théories assez risquées, qu'il avait entendu précisément la veille émettre par un autre.

Raoul ne laissa pas pénétrer Calixte plus avant dans le sanctuaire de son cœur. Cependant il fut honteux de l'excès de la terreur que lui inspirait cette douce jeune fille, et il résolut de lui déclarer son amour. — Elle lui avait demandé à voir le journal qu'il avait rédigé étant en cinquième. — Il en retrouva un numéro, et y joignit un petit billet cacheté. — En vain il descendit au jardin, — en vain il monta à sa chambre, — il ne put réussir à rencontrer Marguerite. Mais un dimanche, Félix lui demanda pourquoi il ne venait pas, le soir, jouer au loto avec eux. Il ne se fit pas beaucoup prier.

Le journal était calqué sur les journaux

politiques qui paraissaient tous les jours. Il est inutile de dire que c'était un journal d'opposition. — Voici ce que contenait le numéro trouvé par Raoul :

L'IMPARTIAL.

<small>Rien n'est beau que le vrai ; le vrai seul est aimable.</small>
<small>BOILEAU.</small>

« Le professeur a dîné la semaine dernière chez les parents de Jules Parfait. — Jules Parfait a été le premier à la composition qui a suivi ce dîner. »

« Le rédacteur de cette feuille indépendante a été condamné à un pensum exorbitant de cent pages de Quinte-Curce à traduire mot à mot à cause du numéro de jeudi dernier. — Quelques bons camarades ont ouvert une souscription pour l'aider à compléter ce pensum. — Déjà plus de cinquante pages ont été réunies ; — ce n'est qu'une page et demie à faire pour chaque élève. »

« Un pensum général a été donné à la classe à cause d'un carreau qu'un élève que nous connaissons, mais que nous ne voulons pas nommer, a cassé avec une bille. — On attend qu'il se déclare et qu'il ne laisse pas punir tous ses camarades pour un fait dont il est l'auteur. »

« Ernest Frénot ayant dit qu'il ne craignait pas Édouard Lacheul, une rencontre a été jugée nécessaire entre ces deux élèves ; — elle a eu lieu dans la petite cour. — Le combat a été arrêté par la cloche qui annonçait la rentrée de la classe, — sans qu'aucun des deux adversaires eût un avantage marqué. Les témoins ont déclaré l'honneur satisfait, — après que Édouard Lacheul a affirmé que s'il avait dit que Ernest Frénot lui avait chippé deux billes en stuc, c'était sans intention de l'offenser. »

« On attire l'attention des élèves de cinquième sur l'état désastreux dans lequel est tombée la toque du professeur : — de noire qu'elle était, elle est devenue grise. — Pour nous servir d'une expression de Racine, — nous dirons qu'elle a *cet éclat emprunté* — qu'elle doit à la graisse. »

« Depuis quelques jours on remarque avec étonnement que les chaussons de pommes que l'on vend à la porte du collège ne sont plus chauds. — On parle de ne plus rien acheter à la marchande. — Il est juste de protéger le commerce, — et les élèves de cinquième n'en laissent échapper aucune occasion, mais les négociants, de leur côté, ne doivent pas user de fraude et mettre en circulation des marchandises avariées. On a décidé que des remontrances sévères seraient adressées à la marchande de chaussons. — L'élève Mandron a été chargé de cette mission délicate. »

« Au moyen d'une traduction de *Quinte-Curce* qu'a apportée en classe l'élève Léon Noël, — il a été reconnu que dans la version de mardi le professeur a fait un contre-sens. »

« On avertit les fileurs que le *pion* de la pension *** se promène quelquefois dans la cour un quart-d'heure avant la fin de la classe. — Ce ne peut être que pour voir revenir les élèves qui, après avoir *filé*, veulent rejoindre leur pension à la sortie ; nous croyons devoir les mettre en garde contre cette ruse machiavélique. *Ab uno disce omnes.* »

« Un article expliquait la situation de la *société d'assurance mutuelle contre les pensums.* La *caisse de réserve et de prévoyance* contenait pour le moment 15,000 vers de douze syllabes et seulement trente pages de Quinte-Curce. »

« Avis. — La glace est prise au grand bassin des Tuileries. »

LETTRE.

Marguerite Hédouin à sa tante Clémence.

« Il me semble, ma chère tante, que tu nous négliges beaucoup. — Je ne puis aller te voir parce qu'Alice est un peu souffrante d'un gros rhume. Il y a un siècle que tu n'as gravi la rue Pigale. — N'as-tu pas à nous donner quelques nouvelles de ton fils ou à venir t'inquiéter avec nous de ce que tu n'en reçois pas? — J'ai à te consulter sur une robe que je fais faire. — Et d'ailleurs je voudrais te voir pour te voir.

« Mais, — tiens, — ce n'est pas de tout cela qu'il s'agit. — Viens, — parce que je suis dans un trouble extrême, — parce qu'il se passe dans mon esprit et dans mon cœur des mouvements étranges ; — je ne sais si je suis heureuse ou malheureuse, — mais je pleure au moindre prétexte, — je n'ai rien à te dire, rien à t'expliquer ; — car je ne comprends rien moi-même. Viens, car j'entasse les mensonges dans ma lettre. — Et quand tu seras là, — quand j'aurai ma tête doucement appuyée sur toi, — quand de ta voix caressante tu me demanderas ce que j'ai, — je suis sûre que je te dirai une foule de choses que je ne me dis pas à moi-même. Viens, ma bonne tante, j'ai besoin de toi. »

La tante Clémence arriva aussitôt qu'elle eut reçu la lettre ; — elle demanda à son père la permission d'emmener Marguerite dîner avec elle. — La tante Clémence demeurait en dehors de la barrière ; — elle avait là un tout petit logement dans lequel elle vivait seule, inventant chaque jour des économies pour en envoyer le produit à son fils. Marguerite l'aida de bonne grâce dans les apprêts de leur dîner ; — puis, le soir, quand il commença à faire un peu sombre, — la tante Clémence attira Marguerite sur ses genoux — et lui dit :

— Il paraît que mon enfant a quelque chose à raconter à sa mère ?

— Oh ! oui, ma mère, mon excellente mère !...

— Est-ce un chagrin ?

— Je n'en sais rien... mais... tiens... tu sais... l'ami de Félix... M. Raoul...

— Eh bien ?...

— Tu sais qu'il devait me montrer un

journal qu'il avait fait au collége *étant enfant...* il me l'a donné avant hier, — mais dans le journal... il y avait une lettre...

— C'était sans doute une erreur, — cette lettre n'était pas pour toi.

— Hélas ! si, ma tante, elle est pour moi : il y a mon nom sur l'adresse.

— Et qu'as-tu fait de la lettre ?

— La voici, dit Marguerite en la tirant de son sein ; je n'ai pas osé la décacheter ; il me semblait que de cette lettre ouverte il allait s'échapper des choses effroyables.

— Tu as bien fait...

— Mais en même temps que cette lettre me faisait peur, il me semblait presque que je l'attendais ; je la pressais sur mon cœur avec enthousiasme. — Cette nuit, je l'ai mise sous mon oreiller ; tout le jour, quand je pensais qu'elle était là, dans mon sein, — je sentais comme une commotion électrique ; — deux fois je suis allée dans ma chambre pour la décacheter, — et je suis revenue après m'être contentée de la regarder.

— Mais que penses-tu que puisse te dire ce jeune homme?

— Je ne le sais pas trop bien, ma tante,— quand il arrive à la maison, le son de sa voix me cause une impression singulière ; — quand il me regarde, je sens ma respiration gênée ; — quand il est parti, tout reste froid, triste, décoloré autour de moi. C'est comme lorsque le soleil se cache sous des nuages. Je ne sais pas ce que renferme cette lettre... mais je crois que ce sera comme sa voix, et quelque chose de plus. — Je voudrais qu'il fût triste et inquiet comme moi !

— Ma pauvre enfant, dit la tante Clémence, — le mystère est comme le brouillard, qui grossit les objets ; je gagerais que cette lettre ne contient qu'une commission pour ton frère, dont il te prie de te charger... la proposition d'une grande partie de balle...

— Non, ma tante, je suis sûre que non.

— Tu as néanmoins bien fait de ne pas la décacheter, parce que tu ne dois pas recevoir de lettres.

— Et... si tu la lisais, toi?

— Non ; il faut que tu rendes la lettre avec le journal, comme tu l'as reçue.

— Ah ! ma tante, je n'oserai jamais.

— Eh bien ! laisse-la-moi, je la lui rendrai.

— Non, ma tante, cela serait trop dur ; il se fâcherait, il ne viendrait plus.

— Eh bien... s'il ne venait plus...

— S'il ne venait plus, ma tante, je serais malheureuse pour toute ma vie ! il n'y a que lui que j'aie du plaisir à voir et à entendre ; il est si bon, si noble, si fier !

— Mais, ma pauvre Marguerite, dit la tante, tu m'effraies, on ne doit aimer ainsi que son mari.

— Et pourquoi ne serait-il pas le mien, ma tante ?

— Vous êtes tous les deux des enfants encore.

— Oh ! ma tante, j'attendrai ; j'attendrai dix ans, j'attendrai toujours... pourvu que je le voie, que je l'entende.

— Laisse-moi la lettre ; je causerai avec lui... dimanche prochain... vraiment cela n'a pas le sens commun !

— Tiens, ma tante, voici ma pauvre lettre.

La tante Clémence reconduisit Marguerite chez son père ; puis rentrée chez elle, elle décacheta la lettre de Raoul ; — elle espérait que cette lettre lui ferait connaître ce jeune homme, ce qui lui apprendrait comment elle devait se conduire avec lui. — La tante Clémence avait aimé ; quoique cet amour eût fini par un mariage qui l'avait rendue bien malheureuse, elle n'avait trouvé aucun argument contre l'amour. — Elle n'avait pu se décider à débiter à Marguerite les phrases toutes faites qu'on lui avait récitées à elle en pareille circonstance. — Cela n'aurait servi encore une fois, sans doute, qu'à effaroucher la confiance. D'ailleurs, pourquoi ces jeunes gens ne s'aimeraient-ils pas ? la seule objection était leur âge ; mais c'est en même temps, de tous les obstacles, celui qui s'aplanit le mieux de lui-même.

Voici ce que contenait la lettre de Raoul :

« Pardonnez-moi, mademoiselle, la liberté que je prends de vous écrire ; mais je ne puis vous cacher plus longtemps les sentiments que vous m'inspirez. D'ailleurs, jamais on ne réussira à me persuader — que l'affection la plus douce, que l'amour le plus respectueux, que le dévoûment le plus absolu, soient de mauvais sentiments qu'il faille cacher et dont la personne qui les inspire puisse à bon droit se trouver offensée. Je vous aime, mademoiselle, je vous aime comme vous aiment votre père et votre frère, — et mille fois plus qu'eux. Je vous aime et je trouve dans cet amour tant de force et tant de courage, tant de bonheur, tant d'espérance, tant de foi, — que je ne puis penser que ce sentiment qui me rend plus grand, plus généreux, plus sensible, soit pour vous une offense et pour moi un crime. Si vous me permettez de vous aimer, si vous permettez que ce soit pour nous deux que j'aie à conquérir les choses de la vie qui sont réputées être le bonheur, — je ne vois plus dans l'avenir rien d'impossible, rien que mes efforts ne puissent surmonter. Il est vrai que lorsque je songe au bonheur de vous posséder, de vous voir *ma* femme, je ne trouve pas bien ce qu'il me resterait à désirer dans la vie, mais je crois que je serais ambitieux pour vous, — et d'ailleurs je serais assez curieux de voir ce qu'on pourrait opposer à un homme aimé de vous, et quelle force auraient mes adversaires aux combats de la vie, à opposer à celle que je puiserais dans un regard, dans un sourire, dans un mot prononcé avec votre voix.

« Peut-être cependant vous a-t-on appris des raisons de prendre en mauvaise part la démarche que je fais aujourd'hui après tant d'hésitations, après tant de combats avec moi-même ; — mais cependant je ne puis deviner quelles craintes peut inspirer un amour comme le mien. — Vous devez aimer un jour, vous ne serez pas toujours une douce et craintive jeune fille, vous serez épouse, vous serez mère à votre tour ; eh bien ! ce que vous voulez que soit l'heureux mortel qui partagera avec vous ces félicités et ces devoirs, quelque exigeante que puisse être à bon droit une personne si heureusement douée et si parfaite, — ce que vous voulez que soit votre époux, je le serai. Je sens à la fois tout le peu que je suis et tout ce que je peux devenir ; — je sais que je ne suis qu'une graine, — petite, sans éclat, confondue avec la terre, mais je sens qu'un rayon de soleil fait sortir de la graine une tige élevée, un riche feuillage, des fleurs éclatantes et de suaves parfums.

« Laissez-moi être votre frère, jusqu'à ce que je puisse être votre mari.

« RAOUL. »

La tante Clémence s'attendait à trouver dans cette lettre plus d'emphase et de phrases ampoulées, quelques menaces de trépas,

quelques comparaisons mythologiques, etc.
La simplicité de cette déclaration était à la
fois inquiétante et rassurante, parce que c'était l'indice d'un sentiment sérieux et qu'il
fallait prendre en considération. — Elle n'avait jamais songé à mettre sa nièce à l'abri
de l'amour, — dont elle ne médisait pas, —
quoiqu'il lui eût apporté tant de cruels chagrins ; elle était convaincue que si elle avait
été destinée à être heureuse, c'était à l'amour qu'elle aurait dû son bonheur. — Mais
Raoul était si jeune, cet amour noble et généreux qui braverait les obstacles triompherait-il également des années? — Si elle le favorisait, que de chagrins peut-être n'amassait-elle pas sur la tête de sa nièce chérie ! — Si elle le repoussait, au contraire, il
était probable qu'elle ne serait ni écoutée ni
obéie. — Et d'ailleurs, à quel amour réserverait-elle Marguerite ?

Le dimanche suivant, en sortant de chez son frère, elle pria Raoul de lui donner le bras pour la reconduire chez elle. — Raoul était on ne peut plus malheureux. — Marguerite lui avait rendu son journal, et il avait inutilement cherché dans ses plis la réponse à sa lettre. — Ne l'avait-elle donc pas vue, ou était-ce une marque de dédain? Il trouva mademoiselle Hédouin moins familière avec lui que de coutume, plus sérieuse et un peu embarrassée. — La tante Clémence, aussitôt qu'ils furent dans la rue, lui dit :

— Monsieur Raoul, vous avez écrit à Marguerite ?

Raoul fut anéanti ; il répondit à tout hasard un — *Moi, madame?*

— Il faut être franc avec moi, dit la tante d'une voix douce, vous avez écrit à Marguerite, j'ai votre lettre, elle me l'a donnée et ne l'a pas lue, — mais moi je l'ai lue.

— Vous me permettrez, madame... dit Raoul.

— De trouver mauvais ce que vous avez bien envie d'appeler ma curiosité, n'est-ce pas ? J'ai été conduite par un meilleur sentiment que vous ne le supposez. Marguerite n'a pas de mère ; j'ai hérité de toute la tendresse que ma sœur aurait eue pour sa fille ; j'ai joué mon rôle dans la vie, il a été assez court et assez mal joué ; je n'ai plus que deux intérêts, le bonheur de mon fils, — qui en ce moment peut-être reçoit une balle dans la poitrine, et celui de cette douce créature. J'ai lu votre lettre, je vous crois sincère, mais quel est le but de cet amour d'enfants? En admettant que toutes les chances vous soient favorables, il se passera de longues années avant que vous puissiez être unis. Penserez-vous, sentirez-vous dans huit ans comme vous pensez, comme vous sentez aujourd'hui? pouvez-vous le promettre ? non, car vous ne pouvez le savoir. Marguerite est charmante, — je n'ai pas besoin de vous le faire remarquer ; les qualités de son cœur et de son esprit l'emportent sur les agréments de son visage. — Bientôt des occasions se présenteront de l'établir ; son apparition dans le monde ne peut manquer de faire quelque sensation. — Si elle doit vous attendre, si elle doit repousser toutes les propositions, et qu'ensuite votre amour éteint la laisse seule, abandonnée dans la vie, lorsqu'elle aura perdu peut-être son père et moi...

— Ah ! madame !...

— Je sais que cela vous paraît impossible... que vous n'êtes pas bien sûr peut-être que les étoiles ne se décrocheront pas du ciel et ne tomberont pas sur la terre, parce que l'avenir est incertain ; mais vous croyez pouvoir répondre de votre amour. Je ne veux pas lutter contre cette conviction, mais je veux vous faire voir seulement que dans cet engagement Marguerite mettrait toute sa vie en jeu, quand vous n'y mettriez que quelques années de la vôtre. Mais votre lettre n'est pas une lettre d'enfant, elle m'a touchée; je vous crois l'âme élevée, — je vous crois vrai ; — je vous aimerais pour mari de Marguerite, — je serais heureuse de vous confier plus tard le bonheur de cet ange que vous ne connaissez pas comme je la connais, — mais il y aurait besoin de plus de courage que vous ne supposez pour parvenir à *notre* but.

Raoul, à ces mots, ne put s'empêcher de baiser la main de la tante Clémence.

— Madame, dit-il, ma bonne tante, ma chère tante Clémence, un mot de grâce, un seul mot : Marguerite n'a pas lu ma lettre... Sait-elle que je l'aime? m'aime-t-elle?

— Vous me demandez là plus que je n'en sais moi-même; mais écoutez bien ceci : je vais faire une action bien grave et bien effrayante. — Vous viendrez demain chez moi et vous y verrez Marguerite. — Si je ne me trompe pas, si vous ne vous trompez pas, si l'amour que vous ressentez est de ceux qui font le destin de toute la vie, je serai fière et heureuse. Si au contraire vous devenez plus tard inconstant, si vous manquez de courage et de force, — j'aurai joué un rôle plus ridicule et plus odieux que ne l'a jamais fait une vieille tante de roman ou de comédie. Je vous attends demain à quatre heures. — Bonsoir.

V

Raoul se promena une partie de la nuit dans le jardin. — Le lendemain, — au lieu d'aller au collége, il alla errer dans la campagne ; — à quatre heures, il arriva chez la tante Clémence. — Marguerite pâlit en le voyant entrer dans la chambre ; — la tante avait le visage fatigué, — elle s'assit entre eux deux, — laissa Marguerite cacher son visage sur son sein, — et prit une main de Raoul.

— Mes enfants, dit-elle, j'ai passé toute cette nuit à pleurer et à prier Dieu; je l'ai supplié de ne rien me laisser faire qui ne fût pour le bonheur de Marguerite, et malgré la ferveur de mes prières, j'ai encore peur et j'ai en ce moment le cœur aussi serré que je l'ai eu de ma vie. Au nom du ciel, mes enfants, faites que cette heure ne soit pas pour moi une source éternelle de remords et de regrets, — faites que je ne sois pas en ce moment une vieille femme folle, — qui se plaise à rentrer dans l'amour à tout prix. Mes enfants, je ne vous ferai pas de ces grandes phrases que l'on m'a rabâchées quand j'avais l'âge de Marguerite; — elles sont trop inutiles pour qu'on puisse leur pardonner d'être aussi ennuyeuses. Vous vous aimez, mes enfants; — cet amour peut vous donner toute une vie de bonheur si vous en faites une vertu et un devoir. —

Vous, Raoul, cet amour doit vous rendre fort contre tous les obstacles de la vie ; vous devez vous élancer au combat avec résolution. — Et toi, ma bonne chère Marguerite, cet amour termine avant seize ans ta vie de jeune fille ; tu ne dois plus entendre le fade langage de la galanterie, tu ne dois plus aller dans le monde, tu dois renoncer à tous les plaisirs de ton âge ; ton amour est le feu sacré que la vestale doit entretenir dans la solitude. Te sens-tu le courage, Marguerite, de fouler ainsi aux pieds les riantes fleurs de ton printemps ? — te sens-tu la force de commencer dès aujourd'hui une vie sérieuse et remplie de devoirs ?

Marguerite ne répondit que par des sanglots.

— Et vous, Raoul, dit la tante en laissant couler des larmes que depuis quelque temps déjà elle avait peine à retenir, — et vous,

Raoul, serez-vous un homme courageux? saurez-vous supporter la lutte, le découragement? saurez-vous marcher droit à un but, sans reculer devant les obstacles, sans vous arrêter aux séductions? penserez-vous sans cesse à cette jeune fille qui vous attendra? reviendrez-vous à elle digne des richesses qu'elle vous aura amassées dans son âme virginale? Oh! mon Dieu, — donnez-lui la force et le courage, — donnez-lui le dédain des faux plaisirs? — Raoul, si vous faiblissez, si vous tombez en route, vous aurez assassiné Marguerite et j'aurai été votre complice. — Oh! mon Dieu, vous qui en reprenant ma sœur m'avez faite la mère de cette enfant, mon Dieu! m'avez-vous en même temps donné les lumières et la prudence? Mon Dieu! si je me trompe, si c'est son malheur que je fais aujourd'hui, mon Dieu! ne me pardonnez pas!... donnez-moi autant de remords et de souffrances qu'en puisse supporter une de vos créatures.

Raoul et Marguerite pleuraient. — Elle prit leurs deux mains, et, les réunissant l'une dans l'autre, — elle dit : — Enfants, aimez-vous ; — l'amour est l'origine de toutes les vertus. Raoul, Marguerite est votre fiancée, — toutes les actions de votre vie doivent avoir pour but son bonheur ; — Marguerite, Raoul est ton fiancé, — tu dois lui réserver le moindre de tes cheveux et la plus futile de tes pensées.

Elle les réunit alors tous deux sur son sein et les embrassa. — Puis elle leur dit :

— Maintenant, Raoul, mon neveu, mon fils, tu as ce que tu demandais dans ta lettre ; — « tu seras le frère de Marguerite jusqu'à ce que tu sois digne d'être son mari. »

Il y eut quelques instants de silence, pendant lesquels la tante Clémence calma en partie son émotion.

— Raoul, dit-elle, il faut maintenant descendre du ciel et causer un peu avec moi des choses de la terre. — Vous n'avez pas de fortune et vous n'en avez pas à attendre; — Marguerite aura trop peu de chose pour que cela puisse être compté. — Il faut vous faire une position. Quels sont vos projets? — quelles sont vos espérances?

— Chère tante, dit Raoul, je ne sais encore où doit me conduire cette éducation qui, dit-on, doit me conduire à tout; — mais ce que je sais, — c'est que je m'ouvrirai une carrière, — c'est que je triompherai des obstacles qui se rencontreront sur mon chemin, c'est que...

— N'allons pas si vite, Raoul; n'usons pas notre énergie contre des fantômes et des dragons, et occupons-nous de ne pas buter contre le caillou qui est sous nos pieds. Tout irait fort bien dans la vie, s'il ne s'agissait que de ces grands coups d'épée ou de ces grands coups de dévoûment qui remplissent les romans. Mais c'est la continuité des petits efforts qui est une chose difficile, c'est la monnaie du courage et de la force qu'il faut savoir dépenser. Il ne faut pas imiter ces avares qui épargnent sur les besoins de chaque jour, en prévoyance d'évènements qui n'arrivent pas. Il ne faut pas céder au petit ennui d'aujourd'hui, sous prétexte de se réserver pour le grand combat qui arrivera peut-être demain. — Beaucoup de gens ont le courage des fêtes et dimanches. — Le courage de tous les jours est plus rare, — parce qu'il se dépense sans éclat, sans gloire. — Les grands périls grandissent l'homme suffisamment. Par exemple, — qu'avez-vous fait aujourd'hui?

— Ah! aujourd'hui j'étais si ému, j'étais si troublé! j'ai marché au hasard dans la campagne.

— Je vous le pardonne pour la dernière fois. Chacun de vos pas doit maintenant vous rapprocher de votre but. — Il faut être assidu au collége.

Raoul fit un geste de dédain.

— Je vous gronde, Raoul. — Certes, pour vous, pour Marguerite, pour nos projets, il vaudrait mieux que vous ne fussiez plus au collége, mais vous y êtes, et il faut que ce temps ne soit pas perdu. — Ce sont, disent les savants, des armes dont vous apprenez à vous servir pour les combats de la vie. — Je ne sais s'ils ont raison, et si cette éducation est aussi parfaite qu'ils le disent, mais ce sera au moins un préjugé en votre faveur. Vous devez terminer vos études comme vous les avez commencées, par des succès. Maintenant que vous êtes fiancés, que vous pouvez et devez compter l'un sur l'autre, vos devoirs vont commencer. — Vous, Raoul, vous n'écrirez plus à Marguerite, vous n'essaierez plus de la rencontrer seule au jardin. — Vous vous contenterez de la voir le dimanche chez son père, — et vous n'oublierez pas que « vous êtes son frère, jusqu'à ce que vous soyez son époux; » vous me tiendrez au courant de vos affaires, de vos démarches, de vos succès, de vos chagrins. — Je dirai à Marguerite ce qu'elle devra savoir. — Embrassez-vous, mes enfants, ce baiser vous engage l'un à l'autre. — Marguerite, tu appartiens à l'homme dont les lèvres ont touché les tiennes ; — tu ne pourras sans honte et sans infamie appartenir à un autre. — Vous vous donnerez le second baiser dans cinq ans, lorsque Raoul viendra te demander à ton père. Maintenant, Raoul, adieu! — Emportez d'ici la pensée que vous êtes maintenant un homme, et que la destinée de deux femmes s'est enchaînée à la vôtre.

VI

Nous allons maintenant abandonner nos personnages à eux-mêmes pendant deux années, et nous continuerons notre récit après avoir expliqué sommairement les changements qui sont arrivés dans l'existence de chacun.

M. Desloges est mort. — Madame Desloges s'est retirée en province chez un de ses frères, qui a recueilli la veuve de l'artiste mort pauvre. M. et madame Mandron continuent à se *saigner* pour Calixte. M. Mandron peint toujours des ceps de vigne et des hures de sanglier. — Calixte Mandron, après avoir abandonné la peinture, a fait semblant de faire son droit; il a bu, mangé et joué l'argent de ses inscriptions et de ses examens successifs ; — ses parents le croient avocat, et il n'a jamais mis les pieds à l'École de droit qu'une seule fois, et un jour qu'on sifflait un professeur et qu'on lui jetait des pommes que les gens indulgents appelaient des pommes cuites. L'oncle Desfossés n'est plus abonné à son ancien journal, il le trouve trop pâle, et a pris un journal plus téméraire. La tante Desfossés tricote; leur enfant est de plus en plus insupportable. — Félix fait sa seconde, toujours au collége Bourbon. — Alice grandit. — Sa sœur lui donne tous ses rubans, tous ses bijoux,

comme elle lui a donné, il y a deux ans, sa
dernière poupée. Pour elle, elle s'occupe
sérieusement de tenir la maison de son père.
— Elle est sérieuse sans être triste ; son
père, qui ne la menait dans le monde qu'en
s'en imposant à lui-même le devoir, n'a pas
beaucoup insisté quand elle lui a dit que le
monde la fatiguait sans l'amuser. Ses grands
plaisirs sont d'attendre et de voir la tante
Clémence. Félix, qui a fait des amis et des
connaissances, ne reste pas bien souvent le
dimanche à la maison. — La tante Clémence
a pensé qu'il n'était pas convenable que
Raoul y vînt quand Félix n'y était pas ; d'ailleurs son amour constant pour le jeu de loto
commençait à manquer de vraisemblance.
Il ne vient plus que de temps à autre, —
mais il va voir la tante Clémence deux ou
trois fois par semaine. — Tous deux parlent
de Marguerite ; — mais il s'en faut de beau-

coup que l'avenir se présente aussi beau à mesure qu'il devient le présent. — Quand Raoul était au collége, il disait : « En sortant du collége, je ferai mon droit ou j'apprendrai la médecine. » — Mais la mort de son père lui a enlevé les ressources sur lesquelles il comptait pour commencer cette nouvelle éducation ; — il ne lui reste que la carrière de l'instruction ; — mais il ne peut encore admettre les dépenses et les lenteurs de l'école normale — et des grades de bachelier et de docteur. — Il est des difficultés de sa vie qu'il cache à la tante Clémence, et qu'en effet il est obligé de lui cacher. Il ne peut parler de ses affaires d'argent qu'au degré où ce n'est plus l'aveu d'un besoin matériel qui entraîne l'offre d'un secours.

Sa pauvreté lui ferme les deux ou trois carrières au terme desquelles le travail trouve une récompense dans un travail plus facile et enfin dans le repos ; les deux ou trois carrières que l'on suit en ligne droite. — Il lui faut rester une sorte d'ouvrier, travaillant à la journée, — n'étant pas plus avancé aujourd'hui qu'il ne l'était hier et qu'il ne le sera demain. Il donne des leçons, — de ce qu'il a appris, — de latin et de grec. — Son seul espoir avoué est un hasard qui lui donnera un bon écolier, c'est-à-dire l'éducation de quelque enfant de famille, — pour que le produit de son travail dépasse quelque peu ses plus stricts besoins. — Alors il pourra recommencer à travailler, — acquérir dans la seule carrière qui lui reste un grade qui soit un titre et une propriété. Il ne parle à la tante Clémence que du but, sans dire qu'il n'a pas pu encore se mettre en route. — Il a revu Marguerite une fois chez la tante Clémence, c'est lorsque son père est mort; elle a voulu lui montrer ses yeux rouges des larmes qu'elle avait versées de la douleur de son fiancé ; et la tante a consenti à cette entrevue. — Marguerite vit dans la retraite, avec ses trésors, — la lettre de Raoul, la petite fleur cueillie dans l'île Saint-Denis, et sa foi, que ne vient jamais obscurcir le doute le plus léger. Elle s'est enveloppée si chastement de son amour, que par un instinct secret, et, sans comprendre pourquoi, aucun homme ne songe à s'occuper d'elle, toute jolie et charmante qu'on la trouve avec raison. Elle a réalisé la figure de la vestale entretenant religieusement le feu sacré, que sa tante lui a donnée pour modèle.

VII

Raoul rencontra un jour Calixte Mandron ; — ils ne s'étaient pas vus depuis fort longtems. Ils s'arrêtèrent et se firent cette question inévitable que s'adressent deux camarades de collége qui se rencontrent après les études finies : — Que fais-tu maintenant ? question dont la réponse, — jointe à l'inspection du costume, suffit le plus souvent pour que les deux camarades ne s'abordent plus le reste de leur vie.

— Moi, dit Mandron, je suis avocat.

— Moi, dit Raoul, je ne suis rien, je vends à la génération qui me suit l'ennui que m'a vendu la génération qui me précède, — et j'ai bien du mal à ne pas perdre sur ma marchandise. — Je donne des leçons de latin et de grec.

— En as-tu beaucoup à donner ?

— Pas assez pour que je n'accepte pas avec empressement celles que tu pourrais me procurer. — Et toi, as-tu beaucoup de causes ?

— Hum ! hum ! ça commence... Mais je ne suis pas pressé, le père Mandron est là.

— Tu sais que j'ai perdu le mien ?

— Oui, il n'a pas fait comme fait le père Mandron ; ton pauvre diable de père ne t'a rien laissé.

L'air dédaigneux de Calixte blessa Raoul qui répondit :

— Non, ce n'était qu'un peintre d'histoire et un homme de talent, tout le monde ne peut pas être peintre d'enseignes.

Mandron pâlit de colère de voir son grand secret connu et son origine dévoilée. Cependant, après un moment d'hésitation, il sentit une espèce de soulagement de se trouver avec quelqu'un devant qui il n'avait pas à jouer le rôle un peu difficile de fils de famille. Et d'ailleurs, malgré l'opposition complète de leurs caractères, qui ne pouvaient se toucher sans se froisser, il y avait entre eux une habitude qui les faisait se rencontrer avec plaisir. — Raoul, d'ailleurs, vivait tellement seul depuis la mort de son père, et ses confidences à la tante Clémence avaient nécessairement des bornes si étroites, qu'il accepta la proposition que lui fit Calixte de dîner ensemble.

Calixte mena Raoul dans une sorte de restaurant situé dans la cour des Fontaines, auprès du Palais-Royal, où le dîner, composé d'un potage, de trois plats au choix, d'un dessert, de pain à discrétion, d'une goutte de vin délayée dans un carafon d'eau, est fixé au prix de 22 sous par personne. Comme Raoul s'obstina à vouloir payer son écot, Calixte de son côté voulut absolument consacrer les 22 sous dont il avait prétendu nourrir son ami à aller boire du café au Palais-Royal. Une confiance entière finit par naître entre les deux camarades.

— Tu sais, dit Mandron, que je ne suis pas plus avocat que toi? — C'est une histoire que j'ai faite au père Mandron, c'est une récompense que j'ai cru devoir décerner au zèle et à la ponctualité avec lesquels il a payé mes inscriptions et tout ce qui s'ensuit. J'ai même pris la thèse d'un de mes amis, que j'ai fait précéder d'un titre imprimé (à mes frais, avec de l'argent que j'ai eu la conscience de prélever sur celui qu'avait donné le père Mandron pour l'impression de la thèse entière) où on lit que cette thèse a été soutenue le... 18... par Calixte Mandron, docteur en droit, et dédiée à son père Jean-Baptiste Mandron, artiste peintre. Le père Mandron a fait encadrer le titre, et comme il m'a chargé de cette mission, j'ai encore gagné cent sous sur le cadre ; voilà ce que c'est que d'avoir un père et la manière de s'en servir.

— Mais enfin, dit Raoul, que comptes-tu faire ?

— Je ne sais ; je ne crois pas en réalité que le père Mandron me laisse rien, parce que, entre nous, je leur ai mangé un argent fou. — Mais il se présentera quelque bonne occasion dont je ne manquerai pas de profiter. Avec les hommes, le principal est de *pa-*

raître. — Il faudrait que je fusse un imbécille, — ce que j'ai la prétention de n'être pas, — pour ne pas me passer la fantaisie de mentir un peu, quand je vois que les mêmes gens qui ne me salueraient pas si je leur disais la vérité, m'entourent d'amitiés et de prévenances, parce que j'arrange un peu les choses. — Quoi ! je saurais quelques paroles magiques qui font de moi en un instant un objet d'estime et de vénération, — et je consentirais à vivre dans l'abjection et l'humilité ! — Il m'a suffi de dire à certaines personnes : je suis avocat, pour qu'elles m'aient accablé d'invitations à dîner. — Et compte un peu combien tu as dû dire de mots en donnant tes leçons pour payer les vingt-deux sous du misérable festin que nous venons de faire.

Malgré cet accès de franchise, Calixte ne put prendre sur lui de dire toute la vérité à

Raoul. Ainsi, quand celui-ci lui demanda des nouvelles de son oncle, du fameux oncle au château, — Mandron répondit qu'il n'y était pas allé cette année, parce que l'oncle avait vendu son château. La vérité était que l'oncle n'avait pas vendu le château dont il était concierge, mais seulement une partie de bois qu'il s'était avisé de couper, — par suite de quoi on l'avait chassé, — et il était devenu portier d'une maison de la rue Saint-Denis, — grâce à la protection de son frère, le père de Calixte, qui était un des plus anciens locataires de cette maison. — C'est pourquoi Calixte se trouvait très heureux de ne plus habiter une maison où son oncle était portier et où son père avait une enseigne. — Il donna sa carte à Raoul ; — sur cette carte il avait abusé de son prénom de Calixte de la manière que voici :

Cte MANDRON.

Et il ne démentait pas ceux qui, d'après sa carte, croyaient devoir l'appeler monsieur le comte, ou lui écrivaient *à monsieur le comte de Mandron.*

Raoul avait parmi ses élèves un tailleur qui avait un fils et une fille. — Ce tailleur, appelé Seeburg, — faisait donner à son fils, dont il voulait faire un notaire, des leçons de latin et de grec, — et à sa fille des leçons de français par-dessus le marché du prix dont il était convenu avec Raoul pour les leçons de son fils. — Il chercha néanmoins à diminuer encore ce prix, et voici le procédé ingénieux qu'il employa. Il dit un jour à Raoul : — Parbleu! monsieur Desloges, il faut avouer que vous n'êtes pas coquet, et que si vous plaisez aux dames, ce n'est pas par le luxe de votre toilette. — Raoul devint rouge, — et la fille de M. Seeburg, qui assistait à cette sortie, ne devint pas moins rouge que lui.

— Ce n'est pas pour vous être désagréable que je vous dis cela, — monsieur Desloges ; — bien au contraire, reprit monsieur Seeburg, — c'est que si vous n'êtes pas content de votre tailleur, ou s'il n'est pas content de vous; en un mot, si vous voulez me donner votre pratique, nous nous arrangerons facilement ensemble ; nous déduirons chaque mois sur ce que vous me devrez le prix de vos leçons à mes enfans, — Ce sera un peu long, mais avec le temps cela finira par être payé. —Quoique cette proposition comblât un des désirs les plus ardents de Raoul, qui souffrait de l'exiguité de son costume, il répondit le plus froidement qu'il lui fut possible, qu'il verrait, — que ce n'était pas impossible.

La fille de monsieur Seeburg comprit par un instinct féminin que sa présence empêchait Raoul d'accepter une offre qui lui était peut-être avantageuse. — Elle se retira sans rien dire, — et Raoul continua de donner la leçon à son frère. Monsieur Seeburg ne tarda pas à revenir à la charge, et dit en tâtant le drap et en le faisant claquer entre ses doigts:

— Je ne crois pas trop me flatter en vous disant que je vous donnerais de meilleure marchandise que cela. Et puis, quelle coupe! Vraiment, monsieur Raoul, vous êtes bien fait, vous avez la tournure naturellement élégante, — eh bien! je suis sûr que personne ne s'en doute. Un jeune homme ne peut parvenir à rien s'il n'est pas bien habillé ; — et moi-même, — moi qui dois savoir à quoi m'en tenir sur les habits, j'ai failli ne pas vous accepter pour donner des leçons à Lucien, — à cause de la coupe et de la vieillesse de votre redingote.

— Écoutez-moi, monsieur Seeburg, dit Raoul, j'accepterais votre offre volontiers, — mais le paiement serait trop long, — et...

— Que vous fait cela, si ça me convient ainsi? dit monsieur Seeburg.— Laissez-moi faire, — je sais ce qu'il vous faut, — je veux qu'il n'y ait pas à Paris un jeune homme mieux mis que vous, et cela finira par être payé tout doucement. — Laissez-moi faire, — et vous m'en direz des nouvelles, — La leçon finie, monsieur Seeburg prit mesure à Raoul, et tous deux se séparèrent enchantés.
—Monsieur Seeburg, en effet, avait à *écouler une partie* d'un certain drap vert bronze qui n'avait pas *trop bien réussi à la teinture*, et d'autre part il n'y avait rien de si facile, en enflant convenablement le mémoire, en faisant payer deux cents francs ce qui en valait cent cinquante, de réduire à bien peu de chose le prix qu'il donnait pour les leçons de ses enfants. Raoul, d'un autre côté, — était depuis longtemps fort attristé de la décadence visible de ses vêtements; — c'est un genre de

pitié qu'il n'est pas prudent d'inspirer aux femmes, et tout en se réjouissant de ce qu'il pourrait paraître convenablement vêtu rue Pigale et chez la tante Clémence, il était mécontent que son écolière, — la fille du tailleur, — fut initiée aux nécessités qui lui avaient fait prendre ces arrangements avec monsieur Seeburg.

VIII

Raoul eut volontiers embrassé le tailleur Seeburg, — lorsque celui-ci lui fit la proposition de lui *confectionner* des habits neufs. — Aussi, n'hésita-t-il pas à serrer la main que celui-ci lui tendit, lorsqu'il vint donner sa leçon le surlendemain. Après sa leçon, M. Seeburg revint parler des habits. — Esther se livrait dans l'embrasure de la fenêtre à un petit travail de broderie, et semblait ne prendre aucune part à ce qu'on disait dans la chambre. — Monsieur Desloges, dit M. Seeburg, nous allons d'abord vous faire un habit. J'entends par habit — l'habillement complet : — habit, pantalon et gilet.

— Mais, monsieur Seeburg, je crois que le noir est ce qui me conviendra le mieux.

— Nous vous ferons donc un habit noir... On ne porte plus de noir... Mais, c'est égal... Vous préférez le noir, on vous fera un habit noir. A moins cependant que vous ne préfériez le vert bronze.

— Non, j'aime mieux le noir.

— Soit, n'en parlons plus ; si je vous disais cela, c'est que c'est une couleur très à la mode et *fort bien portée* ; monsieur le comte Mandron m'en a commandé un hier. C'est une couleur bien supérieure en qualité au noir, — qui est presque toujours brûlé à la teinture. — Un habit vert bronze vous durera le temps que vous dureront deux habits noirs... Mais quand celui qu'on va vous faire sera usé, nous vous en ferons un autre, — voilà tout. — Va donc pour l'habit vert... je veux dire pour l'habit noir — et le pantalon... du même... vert... je veux dire pareil, — le pantalon également noir. — Quand Raoul fut parti, monsieur Seeburg dit à sa fille : — Esther, donne-moi cette pièce de drap vert bronze... tu sais... je vais couper l'habit de M. Desloges.

— Mais, mon père, vous vous trompez... vous savez bien que c'est un habit noir.

— Je ne me trompe pas, il aura un habit vert bronze... et il en sera très content... Que veux-tu que je fasse de ce coupon de drap?...

— Ah! mon père, un habit noir serait beaucoup mieux...

— Idée de jeune fille et de jeune homme... pour lui ce sera absolument la même chose... crois-tu que c'est cela qui lui fera trouver une leçon de plus ou de moins, d'avoir un habit vert ou un habit noir... et d'ailleurs, il faut que je retrouve quelque avantage... un habit qui ne sera pas payé dans deux ans !

— Vous verrez, mon père, qu'il ne le prendra pas, — et il aura bien raison.

— Tu crois... et moi je t'assure qu'il le prendra, qu'il le prendra avec empressement, qu'il le prendra malgré moi.

Il se passa quinze jours pendant lesquels Raoul n'osait pas demander si l'*habit* serait bientôt prêt. — Il n'osait pas seulement dire *mon* habit en parlant de ce qui lui paraissait presque un présent de monsieur Seeburg; mais le tailleur finit par lui en parler le premier et lui dit : — Imaginez-vous que je suis furieux, — j'ai donné votre habit à faire dehors, parce que je veux absolument qu'il soit fait par mon meilleur ouvrier. Je le croyais fini; il devrait l'être; eh bien ! j'envoie chez lui ce matin, il n'est pas seulement coupé! — Mais, soyez tranquille, cela ne tardera pas maintenant.

— Monsieur Seeburg, dit modestement Raoul, je serais bien content de l'avoir pour le 15 de ce mois.

— Il sera prêt, monsieur Desloges, le 15, à dix heures juste, il sera chez vous, — vous pouvez commencer à vous habiller : au moment de passer les manches je serai à votre porte avec l'habit.

Raoul donna la leçon à Esther.

— Est-ce que vous allez au bal le 15 de ce mois? demanda-t-elle à Raoul.

— Non, mademoiselle, — mais je dois accompagner au Conservatoire une famille de mes amis... et mes habits, ajouta-t-il avec un sourire un peu forcé, qui vont encore à peu près le soir, — ne me feraient pas honneur de jour.

— Vous avez là de singuliers amis, monsieur Desloges.

— Pourquoi dites-vous cela, mademoiselle ?

— Parce que, moi, je m'occupe peu de la manière dont mes amis sont habillés...

— J'espère, mademoiselle, qu'ils auraient votre esprit et votre raison, mais c'est pour ceux qui me verront avec eux... je ne veux pas faire rejaillir sur eux le peu de considération qu'on accorde d'ordinaire à un homme mal vêtu... Je veux réserver l'héroïsme de mes amis pour d'autres circonstances.

— Eh bien ! moi, monsieur Raoul, — moi, *qui dois m'y connaître,* je n'avais jamais remarqué si vos vêtements étaient plus ou moins frais... C'est un concert qu'il y a au Conservatoire ?

— Oui, mademoiselle.

— On dit que c'est la plus magnifique

exécution du monde entier... Je n'y suis jamais allée... J'aime passionnément la musique... Vous n'êtes pas musicien ?

— Non, mademoiselle, je n'ai jamais appris que le grec et le latin.

— C'est dommage, je vous aurais prié de faire de la musique avec moi...

— On dit que vous jouez admirablement du piano ?

— Je dois être assez forte, parce qu'il y a assez longtemps que j'apprends et que je travaille avec plaisir. Il ne me manque qu'un auditoire un peu sympathique ; — mon père s'endort aussitôt que je commence... Je vous prierais bien de venir un de ces soirs... mais vous ne voudriez pas passer la soirée chez un tailleur.

— Mademoiselle... c'est sans doute un sarcasme... puis-je me croire supérieur à un homme dont j'accepte un service ?

— Ne vous montez pas trop la tête à propos de la reconnaissance que vous devez à mon père... Je vous ferai inviter par lui un de ces jours... Ne croyez pas au moins que ce soit par vanité, — pour recevoir des compliments sur un talent au sujet duquel je ne sais pas moi-même à quoi m'en tenir... et cela m'ennuie d'en faire pour les gens que vous rencontrerez ici.

Le 15 arriva, Raoul devait à une heure aller prendre M. Hédouin, Marguerite et la tante Clémence. M. Hédouin lui avait offert longtemps à l'avance une place dans une loge qu'il avait ce jour-là au Conservatoire. — Il devait passer une partie de la journée avec Marguerite, entendre avec elle cette langue divine qui monte au ciel comme un parfum de l'âme. Dix heures sonnent, — les habits n'arrivent pas ; dix heures et demie sonnent, — pas d'habits ; — onze heures... onze heures un quart, — Raoul — regarde son vieil habit, il est plus affreusement râpé qu'il n'avait voulu se l'avouer à lui-même jusqu'au moment où il avait conçu l'espoir de le remplacer. Il est impossible qu'il le mette... au grand jour... pour accompagner des femmes... Il faut écrire — qu'une occupation imprévue... un accident... une indisposition le priveront d'avoir le plaisir... et cætera. Mais on frappe... c'est monsieur Seeburg — tenant sous le bras un foulard qui contient l'habit. Monsieur Seeburg — pose le paquet sur une chaise — et s'essuie le front.

— Il fait un temps magnifique... et j'ai couru... Ce maudit Fregger a encore été en retard ; — décidément, je renoncerai à le faire travailler. Mais enfin voilà l'habit.

— Monsieur Seeburg, je suis réellement fâché...

— Du tout... du tout... J'avais promis

pour dix heures, j'aurais dû sonner à votre porte en même temps que le premier coup de dix heures sonnait à la pendule... (Monsieur Seeburg regarde sur la cheminée et ajoute :) à la pendule que vous pourriez avoir.

— Oh! dit Raoul en souriant, j'entends d'ici l'horloge de l'église.

— N'importe... mettons l'habit... Je n'appelle pas cela essayer, car si Fregger est un paresseux, c'est un gaillard qui sait travailler : jamais je n'ai retouché un habit sortant de ses mains.

Monsieur Seeburg ouvre le foulard... prend l'habit, — paraît surpris... le porte auprès de la fenêtre, et fait entendre sa plus terrible imprécation (que nous remplacerons par celle-ci que nous avons vue dans un vieux livre) : — Que mille millions de diablotins lui cassent un boisseau de noisettes sur la nuque! — Elle est moins énergique, mais plus présentable que celle dont se servit le tailleur. — Ah! l'animal! ajouta-t-il, — ah! le bélître! — ah! le scélérat! — et il renferma l'habit dans le foulard.

— Qu'avez-vous donc, Monsieur Seeburg?

— J'ai que vous ne mettrez point cet habit-là.

— Pourquoi cela?

— Parce que je le remporte... Ah! brigand de Fregger...

— Mais qu'a donc cet habit, monsieur Seeburg?

— Il a, — il a... Il ne sera pas dit qu'une semblable chose se fasse dans mes ateliers... Mais c'est ma faute... Il y a trois ans que j'aurais dû le mettre à la porte. Allons, allons, c'est un habit à refaire... voilà tout.

— Mais, monsieur Seeburg...

— Ce sera une perte pour moi; — mais

je jure sur mon âme que je lui en retiendrai la façon.

— Mais enfin...

— Il m'a déjà fait des mauvais tours, mais pas encore un de la force de celui-ci.

— Mais, monsieur Seeburg, — enfin, — quel est le grand malheur ?...

— Le grand malheur, je vais vous le dire : vous m'avez commandé un habit, n'est-ce pas ?

— Oui.

— Un habit noir, n'est-ce pas ?

— Oui.

— Eh bien ! que pensez-vous que m'ait fait ce drôle de Fregger ?

— Quoi ! une redingote ?

— Non.

— Une camisole ?

— Vous riez... mais moi je suis furieux... Il ne m'a pas fait une camisole, — il m'a fait un habit... et sans aucun doute un habit très-bien fait, — mais un habit qui n'est pas noir...

— Diable !

— Un habit... je ne sais pas seulement de quelle couleur... Quand j'ai vu qu'il n'était pas noir, j'ai eu envie de le jeter par la fenêtre...

— Mais enfin, monsieur Seeburg, voyons cet habit.

— Non, non, — on va en faire un autre... vous l'aurez dans quatre jours.

Ici, monsieur Seeburg délia le foulard et regarda l'habit.

— Non, certes, il n'est pas noir... brigand !
— il est vert, — d'un très-beau vert même, d'un magnifique vert bronze, mais quand on demande un habit noir, — c'est un habit noir que je dois fournir. — Adieu, monsieur Desloges, dans quatre jours vous aurez votre

habit noir, — et cette fois je le couperai moi-même.

— Cependant, monsieur Seeburg...

— Je sais bien que c'est la couleur à la mode... Mais vous aviez demandé un habit noir.

Et monsieur Seeburg rattachait les nœuds du foulard.

— Je sais bien que le vert vaut mille fois mieux que le noir... Mais c'est là une question de goût... Chacun a le sien. — Si j'avais porté hier un habit noir à monsieur le comte Mandron, qui m'en a demandé un vert bronze, il l'aurait jeté dans le feu et il aurait eu raison... Eh bien!... c'est la même chose pour vous qui m'en avez demandé un noir. — C'est cent quarante francs que je perds... mais c'est ma faute.

— Voyons un peu, monsieur Seeburg, ce vert me paraît très-sombre.

— Si sombre que Fregger s'y est trompé

et qu'il l'a pris pour du noir... et que bien d'autres s'y tromperaient également. — Mais enfin ce n'est pas du noir, — et vous avez demandé du noir. — Ainsi donc je le remporte, et dans quatre ou cinq jours... six jours au plus... l'habit noir paraîtra. Regardez bien celui-ci, — car vous croiriez que c'est le même, — tant ce vert bronze est foncé.

Et monsieur Seeburg détache le foulard. — Voyez comme c'est cousu... Ah! pour cela, Fregger n'a pas son pareil. — Monsieur le comte Mandron ne voudrait pas d'un habit qui n'aurait pas passé par ses mains; — mais tout cela n'est pas une raison pour faire un habit vert à un client qui a commandé un habit noir.

— Laissez-moi l'essayer, monsieur Seeburg.

— C'est un enfantillage, monsieur Desloges, vous ne le garderez pas ; — cependant... je ne suis pas fâché... cela vous montrera comment ira l'habit noir que je vous apporterai dans une huitaine de jours.

Raoul endosse l'habit vert bronze, qui va — comme tous les habits. — Monsieur Seeburg s'extasie. — Comme cela va ! — comme cela est coupé ! — comme cela est cousu !— Tenez, j'aurai encore la faiblesse de ne pas jeter Fregger à la porte pour cette fois. — Je doute que l'habit noir que vous aurez avant la fin du mois — aille comme celui-là ; — cependant nous ferons en sorte qu'il aille bien ; — mais Fregger n'y mettra pas la main ; — il vous ferait un habit noisette.

— Monsieur Seeburg, j'ai bien envie de garder l'habit.

— Je sais qu'il vous va extrêmement bien... mais nous réussirons peut-être aussi bien à l'autre... Vous n'êtes pas difficile à habiller, — vous êtes très-cambré.

— Monsieur Seeburg, je garde l'habit.

— Non, non, monsieur Desloges, cela me désobligerait ; il faut que je puisse dire à Fregger : — On n'a pas pris l'habit. — Je sais que cela me coûtera cent quarante francs, — mais je pourrai lui dire une fois ce que je pense.

— Décidément je garde l'habit.

Monsieur Seeburg se fait longtemps prier ; mais puisque monsieur Desloges le veut absolument...

— Et le pantalon ?...

— Oh! le pantalon est vert... Nous avions dit un pantalon de la même couleur... oui, il est vert. — Je parie que tout le monde le croira noir. — Mais, malgré cela, vous avez tort. — A votre place, je dirais : — J'ai demandé du noir, — je veux du noir.

Monsieur Seeburg s'en va et Raoul s'habille. — Monsieur Seeburg remonte.

— A propos, monsieur Desloges, — j'oubliais. On ne sait qui vit ni qui meurt ; certes, j'ai la plus grande confiance en vous, je vous en donne une preuve... en vous faisant un crédit peut-être de deux ans, — que dis-je de trois ans, — car il vous faut maintenant un manteau, — une redingote, — et encore un pantalon, — il faut donc nous mettre en règle. — Vous allez me faire un petit bon de la somme que vous me devez... un chiffon de papier... Mais enfin si je venais à mourir, il faut que mes enfants trouvent cela. — Je ne vous le réclamerai pas... Nous le renouvellerons à l'échéance... Tenez, j'ai justement du papier dans ma poche.

Et Monsieur Seeburg tira de sa poche un petit carré long orné d'une vignette ronde, — que le fisc vend cinq ou sept sous, je crois.

Raoul savait bien à peu près comment se faisaient les cédules chez les Romains, — il connaissait l'intérêt de l'argent chez les Grecs, mais il ignorait entièrement la forme et les conséquences d'un billet ou d'une lettre de change chez ses contemporains et en France.

— Que faut-il mettre là-dessus, monsieur Seeburg ? demanda-t-il.

— Ah ! — bon jeune homme ! j'oubliais que vous n'entendiez rien au commerce ; — surtout ne faites jamais d'affaires... Il y a des gens qui vous tromperaient. — Tenez, tenez, cela vous ennuie, ce grimoire commercial, — mettez seulement... Ah ! comptons d'abord. — Voici votre mémoire : — habit, — cent quarante francs, — c'est trop bon marché, — mais vous le savez, ce n'est pas une affaire que je fais avec vous.

— Pantalon, cinquante francs ; — pourvu

que je rentre dans mon argent, c'est tout ce que je veux.

— Gilet, quarante francs. — Vraiment! n'ai-je mis que quarante francs?... — Nous laisserons quarante francs. — Total, deux cent trente francs. — Nous aurons ensuite le manteau, deux cent cinquante francs. — Ah! pour la couleur du manteau, je ne vous consulte pas, — je ne vous écouterais même pas : — je veux que vous ayez un manteau vert bronze; — on n'en peut pas porter d'autre. — Il ne me reste plus de ce drap-là, — mais ce qui m'en reste sera pour vous,— pour votre manteau et pour votre redingote ; — on m'en avait demandé, — mais les amis avant tout. — Nous disons donc, le manteau deux cent cinquante, — la redingote, — doublée en soie, col en velours, etc., — cent soixante francs ; — le pantalon, — comme celui-ci, — et le gilet... allons, le gilet au même prix. — Total général, sept cent trente francs. — Il faut que je me trompe, cela doit faire davantage. — Non, cela ne fait que sept cent trente francs. — Et puis, nous avons les intérêts de mon argent, — six pour cent, — taux du commerce, — taux légal ; à vingt-cinq francs par mois que vous me paierez par vos leçons, il nous faut trente mois — pour que je sois *remboursé*. — Cherchez un de mes confrères qui fasse des crédits à trente mois ; — mais comme je vous dis... ce n'est pas une affaire. — C'est donc quarante-cinq francs par an. — Trente mois font deux ans et demi, c'est-à-dire cent douze francs cinquante centimes. — Mettez donc là, en travers de ce papier : — Approuvé pour la somme de huit cent quarante-deux francs cinquante centimes, — et signez ; — j'écrirai le reste, — ou plutôt je ne l'écrirai pas, car ceci restera entre nous. — Un million de votre signature ne vaut pas cinq francs dans le commerce ; — C'est presque comme un de mes cliens, — un garçon d'esprit que je suis forcé bien à regret de retenir à la rue de Clichy, — il disait en montrant un de ces billets : — « Cela vaut sept sous partout, — eh bien, je n'ai qu'à y mettre ma signature, cela ne vaut plus rien du tout ! » — A propos, j'y pense, c'est sept sous que vous me devez pour celui-ci.

Raoul tira sept sous de sa bourse et les donna à monsieur Seeburg, qui empocha les sept sous, lui serra la main et partit cette fois pour tout de bon.

Raoul avait été un peu effrayé du total de la dette et du temps qu'il lui faudrait pour l'acquitter. — Mais ce que comprendront peut-être peu de mes lecteurs, — c'est qu'il fut beaucoup plus contrarié des sept sous qu'il lui avait fallu donner au tailleur que des trois cents francs que lui volait monsieur Seeburg. — Il avait amassé et conservé péniblement de quoi subvenir aux dépenses prévues de cette journée ; — il lui fallait acheter des gants, prendre une voiture pour se rendre chez monsieur Hédouin. — Certes, M. Hédouin voudrait payer celle qui les conduirait à la rue Bergère ; mais lui, Raoul, ne pouvait se dispenser de payer la seconde ; — et puis il voulait porter un petit bouquet à Marguerite ; — il ne pouvait faire autrement que d'en offrir un également à la tante Clémence. — Les sept sous du papier timbré lui faisaient faute. — Il prit une voiture à l'heure, et alla chez un bouquiniste vendre un de ses prix de collége pour rétablir l'équilibre de ses finances. — Après quoi il arriva un peu en retard chez monsieur Hédouin. Marguerite avait une toilette du matin d'une simplicité extrême. — Tout annonçait qu'elle ne voulait pas attirer les regards. Raoul donna ses deux bouquets de violette. — La tante Clémence dit : « Quelle charmante attention! des fleurs, des violettes au mois de janvier! » Marguerite ne dit rien. Pour descendre de voiture, Raoul donna la main à Marguerite et à sa tante. — La présence de la tante lui permettait d'avoir pour Marguerite une foule de petits soins qu'il partageait entre les deux femmes. On joua une des plus belles symphonies de Beethoven : — la symphonie pastorale, — la vraie musique, — celle qui dit les vagues rêveries et les pensées qui ne peuvent être exprimées par les langues humaines ; cette langue magnifique qui commence où s'arrête la langue des poètes. — Raoul était ému au plus haut degré. — O Beethoven! divin poète, pensait-il, merci de dire ainsi à Marguerite tout l'enthousiasme qui remplit mon âme! — Un moment Marguerite tourna vers Raoul ses yeux humides de larmes; — elle serrait son bouquet sur ses lèvres.

Quand le concert fut terminé, on remonta en voiture; mais monsieur Hédouin, en passant devant la rue qu'habitait Raoul Desloges, lui dit : — Monsieur Raoul, nous allons vous laisser chez vous. — Raoul allait insister pour les conduire rue Pigale, mais il en fut empêché par un regard de la tante Clémence. — Il resta seul au milieu de la rue, devant la porte, — comme étourdi, — regardant ce fiacre qui emportait Marguerite. — Un moment il avait rêvé qu'il faisait partie de la famille : — il ne pensait plus qu'il allait falloir la quitter. Que faire de la fin de cette longue journée? — il pensa à aller chez la tante Clémence — pour parler d'elle, — pour être avec quelqu'un qui l'avait quittée plus tard que lui, — pour appeler Clémence *ma tante*, comme il faisait quelquefois; — mais après quelques pas — il songea que sans aucun doute elle dînait chez monsieur Hédouin et rentrait avec lui. — Il s'arrêta et fit quelques pas pour revenir; — puis il se demanda encore — où il irait, — ce qu'il ferait. — Le monde lui paraissait vide et désert. — Si la tante Clémence est absente? — C'est égal, il ira chez elle, — puis il en reviendra; — puis il faut monter la rue Pigale pour aller chez la tante Clémence, — et la redescendre pour revenir chez lui, — c'est-à-dire passer deux fois devant la maison de monsieur Hédouin, — cette maison dont tous les habitants lui faisaient envie, — depuis le portier jusqu'aux moineaux qui nichaient sous les toits. Il se remit en route et trouva madame *** qui n'avait pas ôté son chapeau. — Je dîne chez mon frère, dit-elle, mais j'ai pensé que vous viendriez me voir un instant, et j'ai pris un prétexte pour rentrer chez moi avant le dîner. — Marguerite aussi a été d'avis que vous viendriez me voir, car elle m'a donné un petit vieux bouquet de violettes tout fané, qui ne peut guère avoir de prix que pour vous, — et que je suppose vous être destiné par la petite rusée. — Je ne suis pas dupe des prévenances dont on entoure la vieille tante Clémence.

— Oh! chère tante, vous savez combien, dans le peu que vous allez dans le monde, vous avez à décourager de ces prévenances qui ne sont pas suspectes et qui s'adressent bien positivement à vous ; — mais moi, croyez-vous que je ne vous aime pas bien sincèrement? — certes, cela est beaucoup pour moi que vous soyez la tante de Marguerite, mais c'est un des charmes que je lui trouve d'être votre nièce — et de devoir un jour faire de moi votre neveu.

— Pauvre garçon! — son cœur est si plein qu'il déborde, surtout quand il est avec des gens qui ont l'inexprimable bonheur d'approcher *l'objet aimé*. — Il dirait des douceurs, j'en suis sûre, à l'heureuse servante qui a ce matin agraffé l'heureuse robe, — et attaché les heureux souliers qui ont l'honneur de renfermer les petits pieds de Marguerite. — Tenez, — parlons sérieusement ; — Marguerite est un ange... elle est renfermée dans sa tendresse avec une conscience que je n'ai jamais vue ; — tout le reste du monde est mort pour elle. — Vous avez raison de baiser ce bouquet : — c'est un talisman qui doit porter bonheur. — L'amour dans l'âme de Marguerite n'a rien de profane ; — à force d'enthousiasme et de pureté — elle en fait une religion : — Marguerite est une sainte. Là-dessus je m'en vais, — nous n'avons pas le temps de causer de vos

affaires. — Ne tardez pas à revenir me voir.
Vous allez avoir la joie de me donner le bras
jusque chez mon frère. — A propos, vous
êtes superbe aujourd'hui. — Il faut bien que
je vous fasse compliment de votre habit
neuf, sans cela vous en seriez pour vos frais.
— Je gage que Marguerite ne s'en est pas
aperçue. — O Raoul! — Quelle noble et
charmante chose que le cœur de cette chère
enfant! — Raoul, pensez à elle — et aimez-
la; — le ciel a mis sur votre chemin un
bonheur digne de ses élus.

Raoul quitta la tante Clémence à la porte
de monsieur Hédouin; — cette visite, les paroles de la tante, ce précieux bouquet sur lequel Marguerite avait appuyé ses lèvres vir-
ginales et auquel il reprenait ce baiser avec
la suave haleine de sa bien-aimée, — tout
rendait le plus heureux des hommes Raoul
qui, une demi-heure auparavant, trouvait la

vie fermée devant lui et croyait n'avoir plus jamais rien à y faire. — C'est incroyable combien de prodiges on invente pour amuser l'imagination des gens, et combien ces prodiges sont au-dessous des prodiges réels dont la vie est remplie. Quel talisman, quelle baguette de fée a jamais produit une métamorphose — semblable à celle qu'opère — une fleur touchée par la femme que l'on aime. — Un mot de sa bouche, un regard de ses yeux, — non-seulement l'homme tout-à-l'heure découragé, abattu, — haineux, — devient fier, triomphant, bienveillant, mais encore — le ciel devient bleu, — le vent dans les feuilles exécute une musique ravissante, — les fleurs exhalent des parfums enivrants.

Raoul avait un peu d'argent de reste de la vente de ses livres, et il devait en recevoir d'autre le lendemain. — Il rencontra Calixte Mandron et l'invita à dîner.

IX

— A propos, dit Raoul à Calixte en dînant, — permets-moi de te féliciter : — tu es devenu comte depuis notre dernière rencontre ?

— Pas que je sache, répondit Calixte en rougissant.

— Ce n'est donc pas de toi que me parle avec tant de vénération le tailleur Seeburg ?

— Ah!.... Seeburg... oui, certes; mais c'est lui qui m'a fait comte. — J'écris mon nom de Calixte en abrégé sur mes cartes : — Cte Mandron, — de plus, je fais estamper mon papier à lettres comme tout le monde, — et je mets au-dessus de mes initiales — *C. M.* — une couronne de comte, — tandis que j'aurais pu y mettre une couronne de duc, comme tant d'autres qui n'en ont pas plus le droit que moi. — Il n'y a guère que les commis en nouveautés qui se contentent aujourd'hui d'une couronne de baron, — et aussi les véritables barons, à moins que ces derniers n'en mettent pas du tout; ce qui est devenu de si bon goût parmi les gens réellement titrés, — que ne pas mettre une petite couronne sur ses initiales est presque, de la part d'un bourgeois, montrer de l'affectation et se donner les airs d'un duc. Cet imbécile de Seeburg s'est amusé à m'appeler monsieur le comte, et à m'entourer de tant de respects, de tant de soins, que je n'ai pas voulu le désabuser et être obligé de payer en autre monnaie, plus coûteuse pour moi, ses attentions et ses prévenances. — Je vois bien ta grimace, mon cher Raoul, — mais tu me fais un peu dans la vie l'effet d'un homme qui voudrait nourrir son cheval avec des sorbets au marasquin : — le cheval aime mieux l'avoine et le foin. Si tu veux abreuver les imbéciles, les sots et les fripons avec toutes sortes d'austères vertus, d'exquises délicatesses, — tu les dégoûteras et ils te lanceront des ruades. — Les trois quarts des hommes aiment mieux des sottises et des puérilités, — je les sers à leur goût, — et ils sont pour moi pleins de respect et de reconnaissance. — Seeburg est-il ton tailleur ?

— Oui, à peu près.

— Eh bien ! je gage qu'il ne laisse pas passer un mois sans t'apporter son mémoire après qu'il t'aura fait pour trois ou quatre cents francs d'habits ; — mais moi, — voici trois ans qu'il m'habille, qu'il me couvre de ses plus riches étoffes, — comme les anciens faisaient à leurs idoles ; — eh bien ! — il ne s'est pas permis encore de faire la moindre allusion au paiement.

— Mais alors, malheureux, tu lui devras des sommes énormes.

— Je le paierai alors ; c'est-à-dire que si j'allais dire au père Mandron que je dois cent francs à mon tailleur, il prendrait son grand air de comparse de tragédie, — et me dirait : — *Mossieu,* je ne paie plus vos dettes ; — mais un mémoire de trois mille francs, — cela lui portera un coup, — il sera attéré, — et il paiera : — le père Mandron gagne énormément d'argent. — Et d'où connais-tu Seeburg ?

— Je donne des leçons à ses enfants.

— A la fille aussi... tu n'es pas malheureux... c'est une jolie fille, — mais, à ce qu'il paraît, une tête de fer, elle fait trembler le père Seeburg, — tu n'es pas malheureux.

— Je n'ai jamais regardé si mademoiselle Seeburg était jolie. — Tu sais bien que mon cœur n'est plus à moi ; — j'aime une autre femme, et de toutes les forces de mon âme.

Ce n'est pas une raison pour ne pas adorer un peu mademoiselle Seeburg.

— Ah ! Calixte, tu ne sais pas ce que c'est que l'amour ; c'est le ciel qui m'a fait rencontrer cet ange sur la terre ; il me punirait si je lui étais infidèle.

— Le ciel s'occupe bien de cela ! — Ce que

Dieu n'a pas voulu que l'homme fît, — tu peux être sûr que l'homme ne le fait pas. — Dieu n'a pas voulu que l'homme habitât les étoiles et s'allât promener dans la lune, — et l'homme n'a jamais enfreint cette défense. — Si *le ciel a mis* sur ton chemin mademoiselle... comment dirai-je?... mademoiselle trois étoiles, — enfin l'ange en question, — pourquoi ne serait-ce pas lui qui aurait mis sur ton chemin également le joli démon qui s'appelle mademoiselle Seeburg? — Si tu manges une pomme à un arbre, — Crois-tu que le ciel, qui a mis cette pomme là pour toi, — exige que tu t'abstiennes des autres? — Tiens, mon pauvre Raoul, tu ne feras jamais rien de bon dans la vie.

Quelques jours après, Raoul reçut une lettre de la tante Clémence. — Elle ne contenait que ces mots : Venez me voir demain matin.

— Ma chère tante, dit-il en arrivant, — j'ai peur, que se passe-t-il? Il n'est pas naturel qu'une lettre de vous m'ait causé une fâcheuse impression.

— Rien de mal pour l'avenir de votre amour, mon beau neveu. — Le paradis auquel vous arriverez est sauf, — mais le purgatoire dans lequel vous vivez sera un peu plus triste pendant quelque temps.

— Au nom du ciel! que voulez-vous dire?

— Mon frère part dans une semaine pour la Normandie.

— Nous avons là un oncle, — et voici l'histoire de cet oncle. Du temps de notre grand'mère et même de notre mère, on mariait les filles très jeunes. — Ma grand'mère s'est mariée à quatorze ans; — elle a marié sa fille à quinze ans. — Celle-ci avait trente-et-un ans, — et mon frère, qui est l'aîné de

nous, en avait quinze, lorsque ma grand'-
mère, devenue veuve, s'est remariée et a eu
un enfant.— Cet enfant, qui est notre oncle, a
quinze ou seize ans de moins que mon frère,
— et huit ans de moins que moi. — Il paraît
qu'il fait là-bas des folies, — qu'il grève ses
propriétés, et va épouser sa servante. — Il
s'agit de le morigéner, — et son neveu va aller lui laver la tête. — C'est le seul homme
au monde que notre oncle redoute un peu.—
Mon frère devait partir seul, — mais hier
tout-à-coup il a changé d'idée. — Je le soup-
çonne d'avoir saisi au passage certains regards que vous jetez parfois du côté de sa
fille. Il aura sans doute rapproché ces regards — de la joie naïve de Marguerite
quand vous venez à la maison, — et de sa
douce mélancolie quand elle vous attend
pendant une longue semaine. — Toujours
est-il qu'il m'a dit : — Clémence, — j'em-

mènerai mes filles. — Eh quoi! me suis-je écriée, à peine la fin de l'hiver! — Que vont devenir ces pauvres enfants à la campagne?

— Elles seront très heureuses, m'a-t-il dit; Marguerite, l'autre jour, avait des larmes d'attendrissement dans les yeux en lisant un passage de je ne sais quel poète sur le printemps, passage où on disait : « Pour les habitants des villes le printemps est comme le bruit de la musique et de la fête pour le pauvre qui est à la porte de l'hôtel. » — D'ailleurs elles ne profitent guère de Paris, depuis que Marguerite s'est éprise de la retraite et de la solitude. Dès les premiers jours de mai, je les mènerai à la mer qu'elles n'ont jamais vue, — et je ferai prendre des bains à Alice, dont la santé est délicate ; — de plus, a-t-il ajouté en souriant, — tu ne nous refuseras pas de venir avec nous, —

Ces pauvres enfants — emporteront Paris avec elles, — c'est-à-dire tout ce qu'elles en aiment, excepté Félix qui ne vient plus nous voir que par grâce, et pour ainsi dire en visite.

— Qui! moi! dis-je.

— Toi, certes; je *te paie* le voyage, — et pendant quatre ou cinq mois je compte t'héberger, — ce qui tournera au profit de ton fils, — de ton héros africain, dont le nom n'encombre pas les bulletins de l'armée française. — Tu feras des économies pour sa prodigalité. — Eh bien! Raoul, — le dirai-je, — vieille femme folle et méprisable que je suis, j'ai encore résisté, — un peu pour vous. et beaucoup pour ma chère Marguerite. — Mais mon frère a été inflexible dans le plaisir qu'il veut nous procurer. — C'est un homme qui ne s'avise pas souvent d'avoir une volonté ; — mais son indifférence sur les choses ordinaires n'est qu'une économie de force et de despotisme, — surtout quand il croit avoir préparé à ceux qu'il aime un bonheur ou un plaisir. — S'il se figurait que notre bonheur doit consister à recevoir chaque matin cent coups de bâton sous la plante des pieds, — il n'y aurait pas moyen de les éviter. — Nous partirons donc dans une semaine. — Et vous, dont la moue et le visage renfrogné respirent l'ingratitude et la bienveillance, — j'ai pensé à vous encore en acceptant. — Vous aurez par moi, — par mes lettres, — des nouvelles de Marguerite.

— Vous auriez aussi bien pu m'en donner en recevant ses lettres ici.

— Oui, mais aurait-elle des vôtres ? Je veux bien lui parler de vous, mais je ne veux pas lui écrire, — je ne veux pas fâcher mon frère contre moi. — Si je venais à mourir, — il faut qu'il accepte le legs que je lui ferai de mon fils. Ensuite, mon frère a parlé de vous, — il vous a trouvé un air singulier, le jour du Conservatoire... Il voulait me faire parler, mais j'étais sur la défensive.

— N'était-ce pas au contraire le moment de lui dire que je travaille pour me faire une position, et ensuite lui demander la main de sa fille ; — il n'y a rien là que d'honnête et d'honorable.

— Mon frère m'aurait répondu que *notre* projet n'a pas le sens commun, — et, à vrai dire, il ne l'a guère que pour Marguerite, pour vous et pour moi, — qui ferons trois fous et deux martyrs, si vous faiblissez sur la route, et si vous n'avez pas la force d'arriver au but. Tout serait perdu si une fois il disait non.

— Eh quoi! je vais être la moitié d'une année sans voir Marguerite!

— Il faudra que vous soyez bien maladroit

si vous ne vous faites pas *forcer* par Félix à venir nous joindre aux vacances, à Dieppe ou au Havre, où nous serons alors.

— Ah ! chère tante, quelle charmante pensée !

— Voyons, causons raisonnablement ; il ne s'agit pas de regarder son but. — Il faut y arriver. — Où en êtes-vous ? que faites-vous ? qu'avez-vous fait ?

— Je travaille, — mes pas sont lents, — mais j'arriverai ; — je ne veux rien vous dire encore, mais je marche.

— C'est bien ; — vous m'apporterez dimanche matin un petit bouquet de violettes pour Marguerite. — Nous partons lundi matin, — sans doute mon frère vous annoncera notre départ dimanche soir. — Félix y sera.

Une partie de la matinée se passa chez la tante Clémence. — et, en la quittant, Raoul s'aperçut qu'il était en retard pour la leçon des enfants du tailleur. — Il arriva couvert de sueur chez monsieur Seeburg qui prit un air réservé et à demi mécontent. — Raoul fut profondément blessé de la façon dont il reçut son excuse, — mais il pensa qu'il n'avait pas le droit de se fâcher ; — il aurait fallu payer sa dette à monsieur Seeburg. Tout en donnant sa leçon au petit Alfred, il fouilla à sa poche pour prendre son mouchoir et s'essuyer le front ; — il avait perdu son mouchoir ou il avait oublié d'en prendre un.

Esther, qui ne perdait aucun de ses mouvements, lui dit :

— Vous avez perdu votre mouchoir, monsieur Desloges, voulez-vous que je vous en prête un ? — Et sans attendre sa réponse, elle alla chercher un petit foulard blanc qu'elle lui donna. — Raoul la remercia et continua la leçon. — Quand ce fut son tour,

— Raoul s'aperçut qu'il avait également oublié le livre dans lequel il avait coutume de faire des dictées à Esther. — Il prit au hasard un volume qui était sur la table, et dicta de mémoire une cinquantaiue de vers qu'il avait faits dans un moment de tristesse et de découragement.

— De qui sont ces vers? monsieur Desloges, demanda Esther....

— Ils sont.... mademoiselle.... ils sont d'un poète inconnu...

Esther prit le livre que Raoul avait replacé sur la table et dit : — Mais, monsieur Desloges, ce livre est un livre à Alfred, — et c'est un livre latin.

— Je vous ai récité de mémoire, mademoiselle, ces vers que j'ai lus plusieurs fois, je ne sais pourquoi.

— Vous aviez cependant une bonne raison

pour cela, — monsieur Desloges, — c'est que ces vers sont charmants.

Raoul rougit. — Esther continua :

— Pourquoi ne voulez-vous pas que je sache que ces vers sont de vous?

— Mademoiselle...

— Est-ce pour cette demoiselle avec qui vous étiez au Conservatoire... que vous les avez faits?... Elle est jolie, du reste, et bien capable d'inspirer de beaux vers. Pardon... n'en parlons plus. — A propos, c'est dimanche ma fête, mon père va aujourd'hui ou demain vous engager à venir passer la soirée avec nous...

— Dimanche... mademoiselle... c'est absolument impossible...

— Est-ce impossible?... ou est-ce que vous ne voulez pas venir passer la soirée chez votre tailleur?

— C'est que c'est impossible, mademoiselle.

— Tant mieux... Eh bien! si mon père vous invite pour dimanche, acceptez sans faire d'observation.

— Pourquoi accepter, si je ne puis pas venir?

Esther frappa le parquet de son joli petit pied.

— Parce que... parce que, si vous dites à mon père que vous ne pouvez pas venir dimanche, *on* trouverait singulier que je fisse remettre la soirée à lundi...

— Mademoiselle, je serais désolé de rien déranger à vos plaisirs...

— Est-ce donc que vous ne voulez pas venir?

— Je vous ai répondu à ce sujet, mademoiselle, et je ne mens jamais.

— Je le crois... Alors contentez-vous

d'accepter pour dimanche. Raoul corrigea la dictée de mademoiselle Seeburg et partit.

— Ce n'est que le lendemain que M. Seeburg lui dit : — C'est dimanche la fête de ma fille... vous viendrez passer la soirée avec nous, n'est-ce pas ?

Raoul accepta.

— J'espère que M. le comte Mandron nous fera l'honneur de venir un instant. — Vous verrez le dernier habit que je lui ai fait. — A propos, vous aurez demain votre manteau.

Le dimanche matin, — comme Raoul allait chez la tante Clémence, son portier lui donna une lettre d'une écriture inconnue, — qu'il décacheta tout en marchant; — elle contenait ces mots :

« Monsieur, par suite d'une légère indisposition, la soirée à laquelle vous avez bien voulu promettre de venir chez M. Seeburg,

— aujourd'hui dimanche, est remise à demain lundi. — M. Seeburg espère que ce petit incident ne le privera pas de l'honneur de vous voir. »

Raoul chiffonna la lettre, la déchira en morceaux, et alla chercher deux bouquets de violettes.

— C'est donc demain que vous partez, dit-il à la tante Clémence; — je vais voir Marguerite ce soir pour la dernière fois d'ici à longtemps. — Vous et Marguerite, — vous allez emporter mes pauvres violettes, — vous penserez à moi, n'est-ce pas? — vous m'écrirez souvent?

Il donna un des bouquets à la tante, et garda quelque temps l'autre, qu'il pressa sur ses lèvres.

— Maintenant, dit la tante, il ne faut pas que je confonde les bouquets... mais je vous jure que je donnerai à Marguerite celui qui lui est destiné, — sans mentionner aucune circonstance accessoire, — et ce sera tant pis pour vous si elle ne demande à vos violettes que leur parfum. — Je ne l'empêcherai cependant pas de supposer ou de deviner ce qu'elle voudra. A ce soir; — surtout soyez sage. — Si mon frère confirme les soupçons qu'il a peut-être, s'il se prononce contre nos projets, tout est perdu. Adieu.

Le soir, en effet, on joua au loto comme de coutume. — Vers le milieu de la soirée, M. Hédouin dit à Raoul : — Monsieur Desloges, nous vous faisons nos adieux... pour quelque temps. — Nous partons demain matin, — nous allons passer quelques mois en Normandie... La santé d'Alice, à laquelle on ordonne les bains de mer, — nous y retiendra probablement pendant toute la belle saison, — nous n'aurons sans doute pas le plaisir de vous revoir avant l'hiver prochain.

C'est singulier que Félix n'arrive pas, — je lui ai cependant écrit que c'était la dernière soirée que nous passerions ensemble d'ici à quelque temps.

A ce moment Félix sonna, — on cessa de jouer et on parla du voyage. Marguerite était triste. — Raoul dit à Félix : — J'espère que tu viendras quelquefois me voir, tes jours de sortie.

— A quelle heure part-on demain matin? demanda Félix.

— A huit heures.

— Nous ne serons jamais prêtes, dit la tante; — pour moi, j'ai fait aujourd'hui tous mes préparatifs; mais ce que je crains, c'est de ne pas me réveiller.

Raoul offrit d'aller réveiller la tante, qui accepta.

— Alors, dit Félix, tu viendras avec l'orphelin mettre toute la famille en diligence.

— Volontiers, dit Raoul.

La tante se leva et dit : Il faut nous coucher de bonne heure ; — je m'en vais. Marguerite et Raoul échangèrent un regard, — et Raoul offrit son bras à la tante, qui lui dit au moment de le quitter, avec un ton plein de malice : — *A propos*... j'allais oublier quelque chose qu'*on* m'a remis pour vous. — Elle donna au jeune Desloges un papier plié, — et rentra chez elle. — Raoul se précipita sous le premier réverbère, — et reconnut avec un inexprimable ravissement une petite boucle des beaux cheveux de Marguerite. Il passa la nuit à faire des vers qui commençaient ainsi :

<small>Signe orgueilleux de grandeur souveraine,
Rouge turban plissé sur le front des sultans,
Non, tu n'as pas l'éclat de ces tresses d'ébène...

. . . .</small>

et ainsi de suite pendant cent cinquante vers. — Le lendemain matin, il alla frapper à la porte de la tante Clémence, qu'il trouva tout habillée et prête à partir. Marguerite se trouva également préparée, mais elle s'occupait d'Alice. — Monsieur Hédouin et Félix arrangeaient à la hâte un pâté, — dont on offrit un morceau à la tante Clémence et à Raoul, — Raoul qui allait refuser, — accepta sur un signe impérieux de la tante. Marguerite et Alice emportaient quelques gâteaux. Comme les quatre voyageurs et leurs bagages remplissaient un fiacre plus que suffisamment, — Félix et Raoul — partirent à pied en avance. — On avait oublié mille choses. Quand le fiacre arriva, les chevaux étaient à la voiture, — et on avait déjà appelé deux fois : — Monsieur Hédouin, quatre places d'intérieur. —Raoul jeta un regard inquiet dans la voiture : deux hommes *complé-*

taient l'intérieur. Monsieur Hédouin se mit au milieu de ses deux filles — et la tante Clémence en face de Marguerite, quoiqu'on lui fît observer qu'elle marcherait en arrière et serait fort mal à son aise. — Raoul lui sut meilleur gré de ce qu'elle s'obstina à former ainsi autour de Marguerite un cordon sanitaire de parents — que de tout ce qu'elle avait fait pour lui jusqu'alors. — Un des voyageurs n'était remarquable que par un monstrueux nez violet; — l'autre était un jeune homme d'assez bonne tournure. Raoul envia les deux voyageurs jusqu'à se dire à lui-même : — je voudrais être cet homme au nez violet. Marguerite laissa sa main sur la portière du côté de Raoul auquel la tante Clémence eut la bonté de parler de diverses choses pour lui donner une raison de rester là et de toucher du bout de son petit doigt l'extrémité du petit doigt de Marguerite. —

Quand la voiture partit, Marguerite laissa tomber en dehors son gant qu'elle avait ôté.

— Raoul le ramassa si rapidement que personne ne s'en aperçut. Il resta là, — immobile, — inanimé. — Félix le tira de cette torpeur — en disant :

— Je sais bon gré à mon père de ne pas m'avoir recommandé d'aller à la pension aujourd'hui, — j'aurais eu la douleur de lui désobéir. — La désobéissance des enfants ne vient que de l'habitude qu'ont les pères de donner des ordres ennuyeux. Il semble qu'ils se rappellent tout ce qu'ils ont souffert à notre âge, — pour s'en venger lâchement sur la génération suivante. — Je vais aller jouer au billard... viens-tu avec moi ? — J'ai rendez-vous avec deux de *mes amis*.

L'élève de rhétorique commence à ne plus avoir de camarades.

Raoul prétexta ses leçons à donner. Il engagea Félix à venir déjeuner avec lui le dimanche suivant, et ils se séparèrent.

Il resta seul dans sa chambre pendant quelques heures, puis il alla donner ses leçons. — Il était singulièrement abattu. — Mademoiselle Seeburg le remarqua et lui demanda s'il était malade.

— Non, lui dit-il. J'ai conduit ce matin des amis à la diligence, et je ne sais rien d'aussi triste qu'un départ.

Comme il allait faire sa dictée, — mademoiselle Seeburg le supplia de lui dicter encore quelques vers. — Il ne vint à l'esprit de Raoul que ceux qu'il avait faits dans la nuit précédente :

> Signe orgueilleux de grandeur souveraine,
> Rouge turban plissé sur le front des sultans,
> Non, tu n'as pas l'éclat de ces tresses d'ébène, etc.

Elle parut surprise et émue en écrivant ces vers.

Il rapportait à mademoiselle Seeburg son petit foulard blanc qu'il avait fait blanchir soigneusement.

— Ne voulez-vous pas le garder ? demanda Esther.

— Mais, Mademoiselle...

— Je l'ai ourlé pour vous... J'attendais, pour vous le donner, une occasion que le hasard a amenée l'autre jour... La preuve... c'est qu'il est marqué à votre nom...

Elle prononça ces derniers mots en rougissant beaucoup. — Raoul rougit aussi, lorsque, regardant au coin du foulard, — il vit ses initiales marquées en cheveux, qui lui parurent être de la nuance de ceux de mademoiselle Seeburg. — C'était la dernière leçon qu'il eût à donner ce jour-là. — Il rentra chez lui.

— C'est singulier, se disait-il, — cette bonne fille, reconnaissante de mes soins, —

me donne un petit ouvrage, — dans lequel elle a mêlé quelques-uns de ses cheveux, — et j'ai à peine songé à la remercier, — tandis que cette boucle des cheveux de Marguerite est un trésor dont je ne me séparerais pas au prix de ma vie. — Et j'ai encore — ce gant — et ce bouquet de violettes... qu'elle m'a fait rendre par sa tante.

Il contempla et serra ses trésors avec la sollicitude d'un avare.

X

M. Seeburg avait fait comme M. Mandron, et comme font beaucoup d'autres : — il avait voulu élever ses enfants au-dessus de sa position et de lui-même. — Manie de cette époque, — qui fait du pays entier une pépinière d'avocats, de médecins et de poëtes : — avocats sans causes, médecins sans malades, — poëtes sans auditoire. — En effet, il y a aujourd'hui plus d'avocats que de procès, — plus de médecins que de maladies ; — ceux d'entre les Français qui veulent bien encore faire du papier — n'en pourraient faire assez pour imprimer les œuvres de tous les poëtes inédits. — La société ne se compose plus de spectateurs nombreux — jugeant quelques acteurs, — elle est toute composée d'acteurs, — et un auditoire n'est formé que de gens qui attendent leur tour pour parler.

L'envie a imaginé le beau nom d'*égalité*, au moyen duquel elle se pavane avec impudence. — Sous prétexte d'égalité, — on se hisse jusqu'aux marches supérieures en se hissant sur la tête des égaux, — le bourgeois exige l'égalité avec le grand seigneur, — mais repousse énergiquement la prétention de l'ouvrier qui veut être son égal à lui. — Alfred Seeburg doit être notaire. — Esther doit faire un beau mariage. — Esther a acquis toutes sortes de talents, — qui lui rendent impossible d'épouser un ouvrier ou un marchand comme son père ; elle a été quelques années en pension, — puis elle est revenue à la maison, — où elle n'a trouvé personne pour la diriger, où elle est la maîtresse absolue. — Le père Seeburg, qui sait à peine lire, est incapable de surveiller les lectures de sa fille, — et sa fille lit des romans ; — elle a lu la *Nouvelle Héloïse ;* — ce livre écrit en caractères de feu, et il lui est arrivé ce qui arrive à tant d'autres. — On a dit : « Le Français a créé le vaudeville. » Le vaudeville a créé à son tour le Français, — c'est-à-dire que le théâtre et les romans ont d'abord, il est vrai, été la peinture des mœurs et de la société, mais ensuite les mœurs et la société ont été le reflet des romans et de la comédie. Bien des jeunes cœurs ont trouvé dans le livre de

Rousseau des formules pour exprimer le feu inconnu qui les dévorait. — Esther trouve que Raoul est vis-à-vis d'elle dans la position de Saint-Preux vis-à-vis de Julie, — et elle aime Raoul. Son amour, pour être une imitation, n'en est pas moins réel : — elle n'a emprunté que la forme ; elle a trouvé le fond dans une tête naturellement exaltée, dans une éducation qui ne lui fait voir dans sa famille, dans les amis de son père et dans les gens qui l'entourent, que des êtres inférieurs à elle, qui ne peuvent la comprendre, — qui ne parlent pas la même langue qu'elle, — et qui consacrent leur vie à des intérêts pour qui elle éprouve un magnifique dédain. — Raoul, d'ailleurs, a tout ce qu'il faut pour exciter de semblables sentiments : il est beau, jeune, mélancolique, il fait des vers ; — les personnages du roman sont tout trouvés, — la situation est identique.

— Esther attend la fameuse lettre de Raoul, qui ne veut plus lui donner de leçons, — qui veut la fuir comme Saint-Preux voulait fuir Julie ; — mais Raoul continue à être d'une ponctuelle exactitude. — Esther est à la fois heureuse de le voir chaque jour, — mais elle s'impatiente néanmoins que le roman reste toujours au premier chapitre ; sa tête s'exalte de la solitude où elle vit au milieu d'une famille composée d'ouvriers et de marchands.

Elle essaya de passer quelques feuillets pour arriver plus vite au second chapitre. — Ces vers que Raoul lui a dictés, et qui par hasard — se trouvent s'appliquer assez bien à ces cheveux dont elle s'est servie pour marquer le petit foulard blanc, lui semblent un aveu formel : — elle a les cheveux châtain foncé, — et l'expression de cheveux d'ébène, qui s'applique mieux aux cheveux de Marguerite, qui sont beaucoup plus bruns, lui paraît un peu forcée; — mais elle est pleine d'indulgence pour les exigences de la rime, — et, à moins d'être blonde et presque albinos, elle pense qu'elle peut sans scrupule permettre qu'on appelle *en vers* ses cheveux des cheveux d'ébène. — Néanmoins, dans la toilette qu'elle fait pour le soir, elle met ses cheveux en bandeaux — et passe dessus un peu de pommade. — Ces deux procédés en assombrissent convenablement la couleur. — Quand le portrait ne ressemble pas au visage c'est au visage à s'efforcer de ressembler au portrait; — il ne faut qu'un peu de bonne volonté. — M. Seeburg blâma la toilette trop simple de sa fille. — L'espoir de voir M. le comte Mandron honorer de sa présence la petite soirée a fait naître dans sa tête des idées vagues, qu'il ne veut pas exprimer, — mais à la réalisation desquelles il ne veut pas mettre d'obstacles. — Les observations du tailleur n'obtiennent aucun succès. — Esther a su trouver dans la conversation de Raoul quelle est la parure qui lui plaira le plus. — Raoul, questionné longtemps sur ce sujet, — a parlé de la façon de s'habiller de Marguerite, — et Esther, croyant qu'il s'agissait de quelque rêve de l'imagination de son maître, a fait son profit de ce qui lui est échappé ; elle a une robe blanche — avec une couronne de chèvrefeuille dans les cheveux, — quelques bouquets de chèvre-feuille — descendent le long de la robe ; — elle est réellement charmante sous ce costume, et d'ailleurs, — rien n'embellit comme l'amour. — C'est à tort qu'on a cru que c'était seulement l'imagination de l'amoureux qui prêtait des attraits nouveaux à *l'objet aimé;* — la femme qui aime et l'homme amoureux sont réellement plus beaux tous les deux.

— Il est des oiseaux qni ne chantent — et qui ne revêtent certaines couleurs éclatantes qu'à l'époque de leurs amours ; — le feuillage et les fleurs sont la parure des noces de la terre fécondée par le soleil ; — les fleurs elles-mêmes — ne brillent de tout leur éclat — et n'exhalent leurs plus suaves parfums qu'au moment où les petites nymphes et les petits gnomes qui les habitent — s'aiment et se le disent — sous les belles courtines de saphir, de pourpre ou de topaze qui forment leurs riches pétales.

Monsieur le comte Mandron daigne venir quelques instants à la soirée du tailleur qui suffoque d'aise ; mais Calixte croit devoir manifester des airs dédaigneux. — Esther est heureuse de sa présence, parce que cela lui donne une occasion de donner un sens prononcé à ses attentions exclusives pour Raoul. — C'est pour lui qu'elle joue du piano et qu'elle chante ; — elle a su apprendre de lui quels sont les airs qu'il préfère.

Monsieur Seeburg a senti augmenter considérablement le peu de vénération que lui inspirait Raoul Desloges, en voyant le comte Mandron traverser le salon pour lui donner une poignée de main. Esther est heureuse et fière de ce que tout le monde semble la trouver belle, mais elle s'efforce de montrer à Raoul — que ce n'est que pour lui qu'elle veut l'être. On la prie de chanter... Le père Seeburg demande un grand morceau démesuré, pour lequel il a une estime particulière. — Esther ne chante que des airs simples et mélancoliques, que des mélodies originales, — qu'elle sait être du goût de Raoul. — On a dressé des tables de jeu ; — on engage Raoul à jouer, mais il refuse en rougissant. — Il n'a que peu d'argent... peut-être il n'en a pas du tout. Mandron joue hardiment et gagne, et s'en va au plus fort de sa veine favorable. — Monsieur Seeburg perd une centaine de francs et devient mélancolique. — On ne tarde pas à se séparer. — Esther dit à Raoul : — A demain, monsieur Desloges.

Le dimanche suivant Félix vint déjeuner avec Raoul. — Raoul est heureux de se *raccrocher* ainsi à la famille de Marguerite. — Félix a reçu des lettres, — une, entre autres, de la tante Clémence pour son camarade, — qui, malgré son impatience, se contente de parcourir la lettre et la met dans sa poche. Après le déjeuner on va se promener, puis on se sépare, et Raoul rentre chez lui lire sa lettre.

« Mon cher Raoul, nous sommes arrivés à *** tous en bonne santé ; — notre oncle a fait beaucoup de frais pour nous recevoir ; — Marguerite a excité chez lui une grande admiration. — La propriété dudit oncle est fort belle : — c'est une maison au pied d'une colline, — cette colline est un bois. Du flanc de la côte sort un ruisseau qui alimente un petit étang presque caché dans les saules et dans les peupliers ; un peu plus loin est la ferme, — avec de nombreux bestiaux et des chevaux magnifiques. Nous avons eu depuis notre arrivée le plus beau temps qu'on puisse imaginer ; — on oublie qu'on est à peine aux premiers jours du mois de mars. — Réellement on calomnie l'hiver à la campagne ; il vaut beaucoup mieux que sa réputation. Marguerite est beaucoup moins triste que ne l'espèrent peut-être votre égoïsme et votre fatuité ; — elle a tant de confiance dans votre tendresse et dans la sienne, — que la sécurité de l'avenir jette sur le présent un reflet de bonheur. La servante en question n'était pas chez notre oncle à notre arrivée ; — elle est, dit-on, allée voir son père malade. Il est probable qu'elle aura trouvé vis-à-vis de nous sa position difficile ; — elle ne pouvait décemment faire en notre présence le rôle de dame de la maison, — et elle a compris qu'il serait dangereux de redevenir servante sous les yeux de l'homme qu'elle a amené à voir en elle quelque chose de plus. Il est facile de voir qu'elle avait su se rendre indispensable; tous les soins de la maison avaient été tout doucement réunis sous sa dépendance, et tous les rouages du ménage semblent embarrassés.— On voit du premier coup-d'œil qu'il manque quelqu'un dans la maison, et que c'est ce quelqu'un qui gouverne tout.

« Notre oncle est loin d'avoir, aux yeux de Marguerite, le succès qu'elle a obtenu aux siens. Les emprunts qu'il a faits sur ses propriétés sont une fiction, et n'ont eu pour but que de placer des sommes assez considérables sur la tête de mademoiselle Olympe. Il nous a fait dîner avec quelques-uns de ses voisins. — On a parlé du prix des bestiaux et de *l'apparence des pommes*, — de l'état des chemins, — puis on a bu et mangé d'une manière qu'on ne pourrait imaginer sans l'avoir vu, et qu'on croit encore impossible après l'avoir vu. Un dîner de six heures n'a rien d'extraordinaire ici. Chaque convive, par un miracle incompréhensible, — a absorbé de viandes, de cidre et de vin, — un volume au moins égal à celui qu'il fait lui-même. — Il est venu un moment où tout le monde a parlé à la fois. — Alice et sa santé délicate m'ont servi de prétexte pour quitter la table avec mes deux nièces; — quand nous sommes revenues, on jouait aux dominos. — Il paraît que l'oncle Sébastien est aux dominos d'une force extraordinaire. Pendant qu'on jouait et qu'on prenait du café, — on avait remis les broches en mouvement à la cuisine ; — des gigots, des volailles rôtissaient à grand feu. — Après cet immense dîner, — il fallait penser au souper. — Le café — se boit d'abord pur, — puis on y mêle de l'eau-de-vie successivement à divers degrés, — et l'on arrive à boire une quantité fabuleuse de ce mélange sous des noms divers. — On boit d'abord la moitié d'une tasse de café épais et presque bourbeux, puis on remplit la jatte d'eau-de-vie, c'est le *gloria ;* — on boit encore la moitié de la tasse, — puis on remplit derechef pour faire le *gloria gris*, que l'on absorbe entièrement. — Le *gloria gris* absorbé, on remplit la tasse d'eau-de-vie, qui se boit sous le nom de *rincette ;* — à la *rincette* succède une autre tasse pleine qui s'appelle la *surincette*; — après quoi on ne boit plus guère que le *pousse-café ;* — ceux qui ne jouent pas causent en parlant tous à la fois, — et à chaque parole — toutes les tasses sont choquées.

« Le soir, après le souper, auquel nous avons assisté sans y prendre part, — nous nous sommes retirés dans nos appartements. — J'ai causé avec mon frère et nous avons été du même avis. — Il était venu pour empêcher son oncle de se *ruiner* et de faire une *mésalliance ;* mais après ce qu'il a déjà donné à mademoiselle Olympe, il ne peut faire de meilleure affaire que de l'épouser ; — et sous l'autre rapport, je n'ai pas vu ladite demoiselle, — mais ni mon frère ni moi , — après avoir vu notre oncle, nous ne pouvons imaginer une fille qui ne se mésallie pas en devenant sa femme. — Mon frère a donc résolu d'abréger autant que possible notre séjour chez l'oncle Sébastien, et de le laisser parfaitement agir à sa guise. — Il y a cependant une chose dont je suis convaincue, c'est que Marguerite pourrait facilement détruire le pouvoir de mademoiselle Olympe, sa future grand'tante. — Ne vous alarmez cependant pas, et comptez sur sa constance.

« Maintenant que j'ai suffisamment bavardé, il faut que je vous récompense de la patience avec laquelle je veux croire que vous avez lu mon griffonnage ; — mais j'ai une si magnifique récompense à donner, que j'ai presque regret de ne pas la faire payer plus cher. Marguerite chez son père a sa chambre à elle, — mais ici, elle, Alice et moi, nous avons deux chambres pour nous trois, — et j'ai, au moyen de cette petite confusion, découvert un secret. — Marguerite, tous les soirs avant de se coucher, — vous écrit... Elle vous raconte toute sa journée, ce qu'elle a fait, — ce qu'elle a pensé, — ce qu'elle a dit; — elle écrit ces choses sur de charmants petits cahiers, — qui vous seront remis à une époque peut-être encore, hélas! bien éloignée. — J'ai pris pitié de vous, parce que vous n'êtes pas un ange comme Marguerite, parce que vous n'avez pas cette foi et cette respectable sérénité qui règnent dans son cœur, — et que sans doute vous avez besoin d'encouragements. — J'ai fait pour vous — ce que je n'aurais pas fait pour moi-même, — j'ai volé et copié quelques-uns de ces feuillets, et je les ai ensuite remis en place sans que Marguerite ait rien découvert de ma méchante action. — Certes, vous n'êtes pas digne de cette chère fille; — mais pour un homme, et pour un jeune homme, vous n'êtes pas trop mauvais encore, et je me résigne à vous. Adieu. — Voici les feuillets copiés dans les cahiers de Marguerite,—

j'ai pris *presque* au hasard. — Vous ferez ce que vous voudrez d'une violette blanche que *l'on* m'apporte. »

XI

Journal de Marguerite.

« Ma tante Clémence a raison, — je suis à lui, — ses lèvres ont pressé les miennes ; — je ne puis sans honte et sans infamie appartenir jamais à un autre. — Je suis à lui ! j'ignore s'il est possible qu'il soit aussi heureux de me posséder que je suis heureuse d'être à lui. Je ne permettrai pas au temps et aux obstacles de retarder ce bonheur ineffable que j'éprouve d'être à lui. De ce jour, ma vie tout entière lui appartient, — de ce jour, si je n'ai pas toutes les félicités de l'épouse, j'en commence tous les devoirs; — de ce jour, toutes mes actions, toutes mes pensées sont à lui, — et comme je ne veux pas qu'il en perde rien, ni que je perde rien moi-même du bonheur que j'en éprouve, j'écrirai chaque soir — tout ce que j'aurai fait, — tout ce que j'aurai dit, — tout ce que j'aurai pensé dans la journée.

« Le jour où je serai sa femme aux yeux du monde comme je la suis aujourd'hui à mes yeux, — je lui donnerai ces cahiers; — je lui rendrai compte de toute ma vie depuis le jour où elle lui appartient; — je n'ose lui demander d'en faire autant de son côté, mais peut-être a-t-il la même idée que moi, — et au même instant; — je n'en serais nullement étonnée. »

⸺ . . . .

« J'ai vu aujourd'hui mon amie Émilie Varestein; — elle m'a fait la visite de noce, elle était dans une parure éblouissante, mais il me semble que le jour où je serai aux yeux du monde la femme de Raoul, — j'aurai sur le front quelque chose de plus beau et de plus riche — que les plumes et les diamants, — ce sera l'auréole d'une sainte félicité, — d'un amour pur et innocent. — Tout le monde la félicite, la trouve heureuse, l'envie et la hait un peu, — parce qu'elle a épousé un homme très-riche, — un homme qu'elle ne connaissait pas, — quelle n'aimait pas. Je me suis au contraire sentie la prendre en grande pitié; — il y a dans sa situation, selon la manière dont je le sens, — quelque chose de si triste, qu'il cache un peu ce qu'il y a de honteux. — Eh quoi! je rougis, je tremble, j'ai peur, j'ai envie de pleurer, — lorsque

Raoul, que j'aime de toute la force de mon âme, — m'a pressé la main.

« Eh quoi ! après ce baiser qui a scellé notre union, — j'ai pleuré — et j'ai été si heureuse ! et c'est sans honte, sans terreur, — qu'Emilie s'est donnée à un homme qu'elle n'aime pas ! — J'ai pitié d'elle, mais je ne l'aime pas ; — je ne la verrai plus ; heureusement qu'elle se croit heureuse et qu'elle n'a pas besoin de moi, — cela me met à mon aise, — je ne la verrai plus. »

. . . .

« Il est venu ce soir ; nous avons passé toute la soirée ensemble, — mes tantes, mon oncle Desfossés, — mon père, Alice ; — tout le monde l'aime et le traite comme s'il était déjà de la famille. — Que je les aime d'être ainsi pour lui ! — que je leur suis reconnaissante ! — J'ai donné à mon frère un beau portefeuille et à Alice un sac de bonbons ; —

j'ai embrassé mes tantes avec tendresse; —
il m'a semblé que mon oncle Desfossés n'était pas tout-à-fait insupportable; — pour
ma tante Clémence, c'est notre Providence;
— elle est si parfaite pour nous, que j'oublie
de la remercier et que je suis ingrate; —
elle est si heureuse de faire le bien, qu'on ne
sait vraiment si on lui doit quelque chose
pour cela, et si ce n'est pas d'elle que doivent
venir les remercîments. »

. . . .

« Une chose que je ne comprends pas, c'est
le peu de chagrin que me donne son départ
lorsque la soirée du dimanche est finie ; —
je dois cependant être au moins huit jours
sans le revoir... mais j'ai une si grande foi en
lui !... je suis si sûre de nous et de notre bonheur ! — D'ailleurs, je suis si heureuse rien
que de l'aimer ! — Et quand je pense qu'il
m'aime ! — quand je pense que je lui appar-

tiens! O mon Dieu! je vous remercie, mon Dieu! Il ne manque à mon bonheur que de m'en croire digne. »

. . . .

« J'ai travaillé et cousu aujourd'hui toute la journée; — cela m'a fait penser à notre ménage, — à ces devoirs charmants, à ces soins si doux que j'aurai à prendre. — Je couds, — je ne lis plus. — Que lirai-je? — Tout ce qui n'est pas mon amour ne m'intéresse plus. — Les livres où il est question d'amour me mécontentent toujours; — nulle part je ne le vois comme je l'éprouve. — Dans certains livres il est question de joies, et de bonheurs, et de peines, que je ne comprends pas et qui m'épouvantent; dans les autres, — l'amour est un crime, — il faut en avoir honte et l'éviter. — Et quand je lis dans mon cœur — j'y vois tout autre chose: l'amour pour moi est une passion douce et sainte qui me rend meilleure, qui me fait douces toutes les vertus et riants tous les devoirs ; — les forces de mon âme me paraissent plus que doublées, — j'appartiens tout entière à Raoul ; je lui consacre tout mon amour. — Et cependant il me semble que sans lui rien retrancher ni de moi ni de mon cœur, il me semble que j'aime les autres davantage. — Je suis plus respectueuse envers mon père ; — j'ai retranché quelque chose de ma toilette pour le donner aux pauvres ; — je suis plus patiente avec les domestiques ; — mon affection pour ma sœur Alice — a pris tout le sérieux, toute la sainteté de l'amour maternel. Aucun de mes devoirs ne me coûte à remplir, chacun d'eux m'est devenu un bonheur, — et je regrette presque de n'en pas découvrir de nouveaux ; — je prie Dieu avec joie, avec effusion, —

j'ose lui parler de Raoul, — tant je sens mon amour pur et vertueux. »

. . . .

« Nous voici à ***. — Ma tante et Alice se sont endormies, — je vais dire bonsoir à mon Raoul. — Que son beau visage était pâle et abattu — avant-hier quand la diligence qui nous emportait a commencé à se mettre en mouvement. — O mon Dieu ! — donnez-lui une part de la sécurité qui est dans mon cœur ; je ne sens pas cette séparation aussi douloureusement que je l'avais imaginé, — il y a tant de moi qui reste avec lui — que cela ne peut s'appeler tout-à-fait une séparation, — et puis il y a quelque chose que la distance ne peut m'enlever, — c'est le bonheur de sentir que je l'aime — et que je l'aime si uniquement, — de sentir que mon amour est tel qu'il peut servir à exprimer en un seul mot tous les devoirs et toutes les vertus. — Dimanche cependant sera bien triste, — mais ma tante Clémence lui écrira de façon à ce que sa lettre lui parvienne ce jour-là. — Il lira une lettre venant d'ici, — une lettre écrite avec cette plume dont je me sers. — J'y joindrai une de ces petites violettes blanches — que j'ai découvertes derrière la maison de mon oncle Bastien. — Chère petite fleur! tu lui porteras toutes mes tendresses, — tu resteras dans mon sein jusqu'à après-demain, — tu lui arriveras toute desséchée. — Te demandera-t-il tout ce que je te confie pour lui? »

« Voilà, mon beau neveu, reprenait ici la tante Clémence, voilà tout ce que ma conscience me permet de copier du manuscrit de votre Marguerite. — Heureux, heureux Raoul! — Quel trésor que l'âme de cette douce vierge! — Je vous aime bien, Raoul, — je vous crois toutes sortes de vertus et de hautes qualités, — je vous crois bien au-dessus du vulgaire des hommes, je vous crois honnête, — intrépide, — constant, — et par moments je me demande si vous êtes digne de Marguerite.

« Adieu, votre vieille tante radote un peu, — mais pensez que si je n'ai pas fait le bonheur de Marguerite, — j'ai tué cette malheureuse enfant ; — pensez que je vous ai confié sa vie. — Si vous avez quelque chose de bon que je ne connaisse pas, ayez soin de me le faire savoir, montrez-moi tout ce qu'il y a de grand et d'élevé dans votre cœur, — rassurez-moi, — promettez-moi le bonheur de ma sainte amoureuse, — prouvez-moi que mes inquiétudes sont des folies, — que je n'ai pas le sens commun, — que je suis une vieille folle de m'alarmer jusqu'à la terreur... Malgré tout cela, ne m'écrivez pas avant d'avoir reçu une seconde lettre de moi. — Il est probable que ce n'est pas ici que je recevrai de vos nouvelles : — nous n'avons rien à faire ici, — et nous nous y ennuyons mortellement.

« CLÉMENCE. »

Raoul se jeta à genoux — et confondit Dieu et Marguerite dans ses actions de grâces et dans ses adorations. — Il cria tout haut et en serrant ses deux mains jointes : — Quel bonheur! quel bonheur! — Il prit la petite violette blanche et la couvrit de baisers; — puis il pensa qu'il devait faire, comme Marguerite, un journal exact et minutieux de ses actions et de ses pensées. — C'était un moyen de se rapprocher d'elle, — de parler avec elle toutes ses soirées; — il croirait lui passer de ses espérances, de ses chagrins, de ses découragements. — Plus tard, quand ils seront mariés, il lui lira ses cahiers ; — leur bonheur s'augmentera des peines et des anxiétés du passé. — Ces récits seront la pluie qui bat sur les vitres pendant que le voyageur est à l'abri, — devant un bon feu et un bon souper. — Par moments il pense comme la tante Clémence, qu'il est indigne de cette chaste et charmante fille. — Mais en songeant à elle, son cœur est si plein d'un noble enthousiasme, il se sent si résolu, si fort, — qu'il devient fier de lui-même, — et se dit avec un indicible bonheur : — Oui, je la mérite, oui, je suis digne d'elle et de son amour.

Il descend pour aller acheter un cahier sur lequel il commencera son journal. — Comme il rentre chez lui, il trouve Mandron qui l'attend. — Mandron lui demande ce qu'il veut faire de ce cahier ; — mais il semble à Raoul que ce serait profaner sa chaste fiancée que de rien dire à Mandron qui eût à elle un rapport même indirect. — Au lieu de répondre, il demande à Mandron pourquoi il s'est enfui si vite l'autre soir de chez monsieur Seeburg. Mandron a sans doute aussi ses raisons pour ne pas répondre à cette question.

— Dis donc, Raoul, est-ce que tu sors?

— Je n'en sais rien... Pourquoi cette question?

— Et si tu sors, mettras-tu ton manteau... le manteau que t'a fait monsieur Seeburg?...

— Cela dépendra du froid.

— Oh! il ne fait pas froid du tout... alors tu ne le mettras pas, et tu vas me le prêter.

— Pourquoi faire, puisque tu dis qu'il ne fait pas froid? — s'il fait froid, je le mets; s'il ne fait pas froid, tu n'en as pas plus besoin que moi... Mais, ajouta Raoul en souriant, tu sais bien que ce dilemme est une plaisanterie ; — si tu as besoin de mon manteau, prends-le.

— Merci, je te dirai pourquoi une autre fois.

— Quand tu voudras.

Mandron prend le manteau, se drape dedans, cherche une glace pour voir si cela va bien, et s'écrie :

— Comment! pas de glace, mon pauvre Desloges! — enfin, c'est égal! — je te rapporterai le manteau demain.

Mandron parti, Raoul s'occupe de son journal, — il met sur la première page, en manière d'épigraphe, cette phrase de Marguerite : « Je lui rendrai compte de toute ma vie depuis le jour où elle lui appartient. »
— Puis, ayant fixé la violette blanche avec de la cire, il écrit :

« Quel est ce jour? — Il est des moments où il me semble que dans toute ma vie je

ن'ai eu ni une tristesse ni une joie qui ne l'ait eue pour objet, même avant que je l'eusse rencontrée. — Ces tristesses vagues, — ces joies sans causes apparentes, que j'éprouvais jusqu'à en verser des larmes au retour du printemps, — n'était-ce pas déjà la douleur de l'absence, la joie de l'espoir?— est-ce que je ne préparais pas mon âme à l'aimer? — est-ce que je n'amassais pas d'avance des trésors d'amour pour quand je la rencontrerais?— Je suis sûr que la fleur des champs que je cueillais, que je regardais avec attendrissement, était une fleur sur laquelle elle avait marché, — ou qu'elle avait mise dans ses cheveux. Quand j'errais dans les bois, — quand mon imagination se laissait doucement bercer par le bruit du vent dans les feuilles, — qui formaient sur ma tête une magnifique tente verte, — lorsque j'aspirais le parfum du chèvre-feuille des bois, et que j'écoutais les chansons des oiseaux, — il me survenait dans ce plaisir quelque chose d'amer, dans cette heureuse rêverie quelque chose de triste ; — c'est qu'il y avait sous la tente verte formée par les arbres une place vide à côté de moi, — c'est qu'elle n'était pas là, — c'est que je la désirais, c'est que je l'invoquais, quoique je ne l'eusse jamais vue, et que j'ignorasse où elle était et même si elle existait. — Je crois que l'air embaumé qui rafraîchissait mon visage pendant les soirées d'été venait de l'endroit qu'elle habitait, et s'était parfumé dans ses cheveux ; — je crois que toutes les choses pour lesquelles j'éprouvais de la répugnance m'éloignaient d'elle à mon insu ; — je crois que celles que je faisais avec plaisir étaient des circonstances nécessaires pour que je la rencontrasse un jour. »

Deux jours après Calixte rapporta le manteau, — puis il revint l'emprunter deux autres jours plus tard et le rapporta également.

— Mais, dit Raoul, est ce que tu n'as pas de manteau ?...

— Si... si fait, répondit Calixte, mais c'est que c'est pour me glisser le soir dans une maison où je ne veux pas être reconnu... chez une femme... On a vu souvent mon manteau... et le tien me déguise.

La vérité est que Mandron, qui se piquait d'être *fort au billard* et qui y jouait d'assez fortes sommes, n'avait pas été aussi heureux à beaucoup près depuis une semaine que chez monsieur Seeburg ; —non-seulement il avait perdu son argent, mais pour tâcher de regagner ce qu'il avait perdu, il avait vendu son manteau et presque tous ses habits. —D'autre part il s'était, peu de temps auparavant, fait donner par son père l'argent d'un manteau et d'un habit que lui avait fait monsieur Seeburg, et qu'il n'avait pas payés, — argent qui lui avait également glissé entre les doigts. — Il ne pouvait donc se présenter chez ses parents sans une mise un peu opulente, — et c'était pour aller dîner chez eux, devoir qu'il leur rendait assez souvent depuis quelque temps par économie, — qu'il empruntait le manteau de Raoul.

La mère de Calixte rencontra un jour Raoul couvert de son propre manteau.

— Eh quoi! dit-elle à son fils, me suis-je trompée ou ai-je réellement vu au petit Desloges un manteau pareil au tien? si ce n'est que celui qu'il portait m'a paru plus grand et d'un plus beau drap.

— Vous avez bien vu sur un point, ma mère, reprit Mandron, mais vous vous êtes trompée sur un autre : — le manteau que vous avez vu sur les épaules de Raoul n'est autre que le mien que je lui prête quelquefois.

— Pourquoi lui prêtes-tu ton manteau?

— Pour lui faire plaisir.

— Tu as tort... chacun doit garder ce qui lui appartient. Ce petit jeune homme a bien besoin de se donner des airs d'homme à manteau! — c'est bien la peine que nous nous fassions des privations, moi et ton père, qui devrait se reposer et qui travaille autant que dans le commencement de notre mariage, — pour que ce soit monsieur Raoul Desloges qui *porte manteau*.

Quelques jours après, madame Mandron se trouva dans une maison pour recevoir une note donnée par son mari. — Dans cette maison était Raoul, qui y donnait des leçons à l'enfant. Madame Mandron, après avoir fini ses comptes, s'était assise — et causait *un brin*, — lorsque Raoul entra; — il salua la maîtresse de la maison et aussi madame Mandron, — puis il jeta négligemment son manteau sur une chaise, — et se plaça à une table avec son disciple. Madame Mandron, — tout en continuant de causer, avait les yeux sur le manteau, qu'elle avait parfaitement reconnu. — Elle causait encore, mais elle répondait hors de propos ou ne répondait pas aux questions ; — enfin, n'y pouvant plus tenir, elle se leva et alla relever un pan du manteau qui traînait par terre. Peu de temps après, il entra une autre personne. Raoul pensa qu'on aurait sans doute besoin d'une chaise de plus, il ôta le manteau de celle qu'il couvrait et le mit sur une console. — Madame Mandron, cette fois, se précipita pour voir si la console était propre, — pour relever encore un morceau du manteau qui traînait à terre, — et secouer la poussière qui s'y était attachée. — Raoul, cette fois, s'en aperçut, et la remercia. — La leçon était presque terminée, et l'enfant faisait semblant de chercher un autre devoir qu'il n'avait pas fait. — Madame Mandron saisit cet intervalle pour entrer en conversation avec Raoul.

— Est-ce que vous trouvez qu'il fait froid, monsieur Desloges? dit-elle.

— Un peu, madame.

— Je croyais que vous n'étiez pas frileux... Et par un temps comme celui qu'il fait aujourd'hui, il vous faut un manteau!... Je suis sûre qu'il va pleuvoir et le manteau sera mouillé.

— Qu'est-ce que cela fait?

— Mais, au contraire, monsieur Desloges, c'est que je trouve que cela fait beaucoup. Comment! un manteau tout neuf...

— Ma foi, madame, mon opinion est qu'un manteau doit me garantir des mauvais temps, et qu'il doit faire son état de manteau... Il perdra un peu de lustre, mais il recevra la pluie.

Madame Mandron s'en alla fort irritée, et en rentrant elle dit à son mari :

— Calixte a bien tort de prêter son manteau au petit Desloges... Je l'ai rencontré tantôt, monsieur se promenait avec; on aurait dit un épicier en gros; — il le jette sur les chaises, il le laisse traîner que cela fait pitié.

— Le pauvre manteau ne tardera pas à être *consommé*. Et c'est bien pour faire de l'embarras, car il ne faisait pas froid. — J'avais envie de lui arracher de dessus les épaules, surtout quand il a eu l'aplomb de me dire : Il faut qu'un manteau fasse son métier ; il perdra un peu de lustre, mais il me garantira de la pluie. — Ce n'est pas assez qu'on use à deux le manteau de Calixte, il faut encore l'*abîmer* de pluie et de poussière.

XII

Monsieur Seeburg vint un matin frapper chez Raoul.

— Je n'apporte ni habits ni mémoire, dit-il, c'est une petite visite *d'amitié* que je vous fais. Le hasard m'a fait entrer dans votre maison, et je n'ai pas voulu en sortir sans monter vous dire bonjour.

— Avez-vous ici quelque client? demanda Raoul, — en ce cas je souhaite que ce soit une meilleure pratique que moi. — Monsieur Seeburg parut ne pas comprendre cette question, qui avait pour but de rendre un peu de leur vérité aux relations qui existaient entre lui et Raoul Desloges, et que le mot de visite d'amitié paraissait tendre à déplacer complètement ; il ne vit que le sens littéral de la phrase, et il répondit : Non... la dernière fois que je suis venu, j'ai aperçu un appartement à louer, et comme j'en cherche un, je suis venu voir celui-ci.

— Vous déménagez ?

— Pas tout à fait... Je garderai là-bas mes ateliers... Je veux avoir mon logement ailleurs... L'éducation que je donne à mes enfants ne les rend pas propres à vivre au milieu des ouvriers ; les connaissances que j'ai et que je fais tous les jours ne peuvent venir chez un tailleur. — Quand mon logement sera séparé de mes ateliers. — je serai pour ceux qui le voudront bien, monsieur Seeburg, bourgeois à son aise, ou tout au moins un estimable négociant, — vogue qui ne peut subsister quand on est dans une maison au-dessus de laquelle on a vu en lettres d'or grandes comme un enfant :

SEEBURG, TAILLEUR.

Mais le logement que j'ai vu ici ne me convient pas, — il y aurait trop de dépenses à y faire pour le rendre habitable. — Adieu... à tantôt.

A l'heure de la leçon, Raoul apprit que le propriétaire de la maison était allé trouver monsieur Seeburg et lui avait offert de partager les dépenses qu'entraîneraient les réparations de l'appartement qu'avait vu monsieur Seeburg. — Ils avaient pris rendez-vous pour le lendemain à l'appartement, où devait se trouver également l'architecte et le peintre qui feraient un devis approximatif de ces dépenses.

— Nous allons donc demeurer dans la même maison ? dit Esther à Raoul.

— Monsieur Desloges, dit le père, nous irons là-bas le matin, — et si vous voulez, vous reviendrez ici avec nous pour la leçon d'Alfred et d'Esther ; — Esther viendra voir le logement avec moi. En effet, le lendemain matin, Esther et son père trouvèrent arrivés avant eux le propriétaire, son architecte, et le père Mandron. — On discuta, — et on finit par s'arranger. — Dès le lendemain il fut convenu qu'on mettrait les ouvriers en train. Le père Mandron resta avec l'architecte pour examiner ensemble certains détails ; monsieur Seeburg dit à Raoul : Monsieur Desloges, j'ai deux petites courses à faire dans le quartier, — voulez-vous ramener Esther à la maison? Puis il les quitta sans attendre de réponse. Raoul offrit le bras à Esther ; elle était la plus heureuse fille du monde ; mais elle voulait faire dire à Raoul qu'il était également heureux de ce hasard. — Monsieur Desloges, lui dit-elle, vous paraissez contrarié ; si cela vous dérange, je vais rappeler mon père. Raoul répondit poliment. — Esther s'appuya un peu plus sur son bras. — Comme ils faisaient les premiers pas dans la rue, Raoul vit passer la tante Desfossés, donnant la main à son enfant, il salua en rougissant, madame Desfossés répondit par un petit salut et un regard moitié ironique, moitié sérieux. Raoul n'était pas remis de son trouble, lorsque Calixte l'aborda. — Il salua mademoiselle Seeburg, — et dit à son camarade : J'allais chez toi, — prendre le manteau, ajouta-t-il plus bas.

— Demande la clef au portier, répondit Raoul.

A ce moment, le père Mandron, monté sur le dehors d'une fenêtre, aperçut son fils et fit entendre le terrible brrrr...

Calixte reconnut le brrrr paternel, et sans lever la tête pour voir d'où il venait, il prit la fuite et tourna par la rue la plus proche.

Esther était fort bien mise, — et charmante de sa beauté et de son bonheur ; — pour la première fois, Raoul ressentit quelque émotion auprès d'elle ; — il répondit presque à son insu à la légère pression du bras de mademoiselle Seeburg.

— C'est fini, dit-elle, — dans trois semaines, — dans quinze jours peut-être nous serons voisins ; — dites-moi, monsieur Desloges, quand mon piano vous ennuiera, vous me le direz, n'est-ce pas?... et quand vous voudrez entendre un peu de musique, vous descendrez le soir... je vous jouerai les airs que vous aimez. Quand on arriva à la mai-

son, Esther ralentit le pas comme si elle eût voulu prolonger le temps pendant lequel elle *devait* s'appuyer ainsi sur Raoul. Pendant que celui-ci donna la leçon à Alfred, elle alla se déshabiller et revint ensuite reprendre sa place ordinaire. — Raoul leva une fois les yeux vers elle, leurs regards se rencontrèrent, et tous deux frissonnèrent. — Lorsque vint le tour d'Esther d'écrire sous la dictée, elle apporta un petit cahier richement relié.
— Qu'allez-vous me dicter, monsieur Desloges? demanda-t-elle.

— Mais, mademoiselle, la fin de ce que nous avons écrit hier, — cette lettre de madame de Sévigné...

— Ah ! dit-elle avec un accent plein de regret... alors je n'ai pas besoin de ce cahier. — Raoul prit négligemment le volume des lettres de madame de Sévigné — et dicta. — Sa curiosité était vivement excitée par ce petit cahier relié sur lequel mademoiselle Seeburg n'avait pas voulu écrire... Il profita d'un moment, où la servante appela Esther pour lui faire une communication relative au ménage, pour jeter les yeux dans le cahier; — il ne contenait que les quelques vers de lui qu'il lui avait dictés. — Il remit le cahier à sa place, et quand elle revint il continua sa dictée, puis il partit avant le retour du tailleur.

Quelques jours après, monsieur Seeburg alla voir où en étaient les travaux à son nouvel appartement : — monsieur Mandron n'y était pas, il s'informa de son adresse, — pensant y aller *dans ses courses*. — En effet il ne tarda pas à arriver dans la rue indiquée, et comme il cherchait le numéro, ses yeux furent frappés par une enseigne sur laquelle étaient écrits ces mots en lettres colossales:

Mandron, *peintre en décors,* — *fait la lettre et l'attribut.*

Il trouva monsieur Mandron chez lui et lui expliqua quelques changements qu'il avait résolus.

— Je connais quelqu'un de votre nom, dit monsieur Seeburg, — un de mes clients.

— Je n'ai que deux personnes de mon nom, dit le père Mandron : mon frère, qui est portier ici, — et mon fils qui est avocat.

— Ce n'est pas un de vos parents, dit monsieur Seeburg, c'est monsieur le comte Mandron que j'ai l'honneur d'habiller.

La conversation en resta là. Le nouveau logement était prêt, lorsque le propriétaire de celui dont monsieur Seeburg voulait sous-louer la partie qui lui devenait inutile éleva quelques difficultés, et prétendit que monsieur Seeburg n'avait pas le droit de sous-louer. — A quelques jours de là, — monsieur Mandron envoya son frère le portier à la recherche de Calixte, auquel il avait à parler pour *affaires urgentes*. L'oncle vint à la demeure de son neveu et lui transmit la commission dont il était chargé, — puis il s'en alla. Calixte s'habilla et ne tarda pas à descendre pour se rendre chez son père. — Il fut prodigieusement contrarié de voir son oncle installé dans la loge de son confrère le portier de sa maison. Il ouvrit la loge en voyant partir son neveu et lui dit : « Ah çà ! tu vas arriver avant moi ! » Calixte ne répondit pas et doubla le pas. — L'oncle Mandron donna la main à son confrère et se mit en route également, mais il perdit bientôt l'espoir de rejoindre Calixte, auquel son but n'avait pas échappé, et qui faisait force de jambes pour éviter l'honneur de sa société. — L'oncle se vit promptement distancé et reprit son pas ordinaire, après s'être arrêté chez le marchand de vins du coin. Calixte n'était rien moins que flatté de penser que le portier Mandron avait révélé à son portier à lui, comte Mandron, qu'il était l'oncle de ce noble locataire. — Il commença à méditer un changement de résidence pour retrouver sa considération, sinon détruite, du moins fort amoindrie par cet incident. — Il trouva le père Mandron qui l'attendait avec impatience.

— Il faut que je sorte, dit-il à son fils. — On vient de me faire demander dans une maison à deux pas d'ici ; — mais voici de quoi il s'agit : un *monsieur* pour *qui* je travaille a en ce moment un procès qui l'embarrasse beaucoup, il a appris que tu es avocat et il veut te consulter. — C'est une bonne aubaine que je n'ai pas voulu laisser échapper, — j'ai pris rendez-vous avec lui pour ce matin, il va venir, — je reviendrai peut-être avant lui ; mais enfin, si je ne suis pas là, tu le recevras ; il t'expliquera son affaire : — c'est un commencement de clientèle. En tout cas ne t'en va pas avant que je sois revenu.

Calixte resté seul se dit : — Quelle diable d'idée mon père a-t-il eue de me chercher ainsi des causes et des procès ! — Que vais-je dire à ce brave homme ! Si ce n'est pas tout à fait un idiot, il verra bien vite que je ne suis rien et que je ne suis pas plus avocat que lui. — Je n'ai qu'un parti à prendre, c'est de m'en aller ; je dirai à mon père, à notre première rencontre, que j'ai attendu très-longtemps. — Je vais, en passant, prier l'oncle Mandron de ne pas me démentir ; il dira à mon père que je pars à l'instant, et lui demandera s'il ne m'a pas rencontré.

Calixte remet son chapeau et ouvre la porte pour sortir, — mais à ce moment on sonnait à la même porte, — et il se trouve face à face avec le tailleur Seeburg. — Calixte s'empourpre visiblement, — cependant il dit :

— Vous ici, monsieur Seeburg, et que diable y venez-vous faire?

— Je viens chez l'*artiste*. — Et vous?

— Moi aussi, dit Calixte se rassurant un peu, c'est pour un cabriolet qu'il doit me repeindre...

— Ah! très bien!

— Est-ce qu'il travaille pour vous, monsieur Seeburg?

— Oui... mais ce n'est pas pour cela que je viens.

— Ah!... c'est peut-être vous qui travaillez pour lui?

— Non, dit avec une moue dédaigneuse le père d'Esther; — non... c'est pour un procès que j'ai avec mon propriétaire, qui me fait une mauvaise chicane, et comme l'artiste m'a dit que son fils était avocat, je viens le consulter.

— Ah! très bien...

— C'est très singulier que je vous rencontre ici, monsieur le comte... justement chez ce brave homme qui s'appelle comme vous...

— Ah!... oui... c'est juste... c'est justement à cause de cela que je le fais travailler... cela fait rire mes amis. Il n'est pas ici, — et je ne l'attendrai pas plus longtemps... Si j'ai un conseil à vous donner, monsieur Seeburg, c'est de faire comme moi... Je n'ai pas grande confiance, à vous parler franchement, dans cet avocat fils de peintre en bâtiment.

— C'est égal, je verrai toujours bien ce qu'il me dira.

— Alors, vous restez ?

— Oui, monsieur le comte.

— Eh bien, au revoir, je m'en vais... Ah! — à propos, monsieur Seeburg, ne dites pas à ce pauvre diable de Mandron que je suis venu ici ; — je veux voir ce qu'il me dira. — Je gage qu'il me racontera toutes sortes de mensonges ; qu'il me dira que mon cabriolet est presque fini, — et je viens de voir dans sa cour qu'il n'est pas commencé. — Adieu, monsieur Seeburg.

Et Calixte s'enfuit sans écouter son oncle, qui, au moment où il passe devant la loge, lui crie : — Eh bien! tu ne me dis pas adieu seulement?

Le père Mandron ne tarda pas à rentrer et monta quatre à quatre sans parler à son frère. — Il trouva monsieur Seeburg seul. — Eh quoi! mon fils n'est pas avec vous?

— Non.

— Comment! je l'avais laissé ici à vous attendre.

— Je ne l'ai pas vu.

— Comment êtes-vous entré ?

— Il y avait ici un monsieur qui sortait et qui m'a ouvert.

— Eh bien ! ce monsieur était mon fils.

— Non.

— Je vous assure que si.

— Mais non, — c'est quelqu'un que je connais parfaitement, — et... qui venait pour un cabriolet... c'est un client à moi... qui m'a recommandé de ne pas vous dire qu'il était venu, — parce qu'il veut voir si vous lui ferez des mensonges. — Il paraît, mon gaillard, que vous ne vous en privez pas dans l'occasion...

— Comment... un cabriolet... Je n'ai de cabriolet en train pour personne.

— Cherchez bien...

— Je ne vois pas.

— C'est un nom que vous connaissez bien, pourtant...

— Attendez, je vais savoir qui c'est. — Il ouvre la porte et appelle : — Ohé, Mandron! — Ohé, Clément! — brrr.

— Ce n'est pas la peine d'appeler... Je veux parler du comte Mandron, pour lequel vous avez un cabriolet à peindre.

— Mais, je vous le dis, monsieur, sachez que je n'ai pas de cabriolet à peindre, et j'ajoute que je ne connais pas de comte Mandron. — Je ne sais au monde de Mandron que moi qui vous parle, — mon animal de fils, auquel j'avais dit de vous attendre ici, — et mon frère Clément Mandron que voici.

— Je sais pourtant bien ce que je vous dis.

— Ecoute, Clément, est-il venu quelqu'un depuis ce matin ?

— Personne que monsieur que voilà et mon neveu Calixte.

— *Personne d'autres?*

— Personne.

— Mais, monsieur Clément, dix minutes après mon arrivée, il est sorti *un monsieur*.

— Oui, certainement.

— Tu l'as vu?

— Oui, bien sûr.

Et tu ne le dis pas?

— Au contraire, je l'ai dit au commencement.

— Pardon, monsieur Clément. Vous avez dit, au contraire, qu'il n'était venu que deux personnes.

— Oui.

— Monsieur Mandron fils et moi.

— Je le dis encore.

— Mais ce monsieur?

— Oui, ce monsieur ? demande également le peintre.

— Eh bien ! ce monsieur, je vous l'ai dit, c'est mon neveu Calixte.

— Mais je vous dis, continua monsieur Seeburg, que je le connais parfaitement, c'est un de mes clients. Il y a je ne sais combien de temps que je l'habille, c'est monsieur le comte Mandron.

— C'est mon neveu et le fils de mon frère, c'est Calixte Mandron.

— Un grand blond ?

— Oui.

— Du reste, ajouta Clément, son portier avec lequel j'ai jasé un brin ce matin, l'appelle aussi le comte Mandron.

— Ah ! le brigand ! s'écria le père Mandron.

— Mais, monsieur Mandron, je suppose encore qu'il y a quelque erreur ; il m'a dit en parlant de vous : — La ressemblance de nom est singulière ; c'est en partie pour cela que je fais travailler ce pauvre diable de Mandron.

— Pauvre diable, en effet, s'écria le père Mandron ; pauvre diable, qui travaille en mercenaire, — au soleil et à la pluie, — qui risque sa vie chaque jour pour cent sous, — qui reste pauvre et misérable, qui demeure dans un grenier, — et tout cela depuis trente-cinq ans ! Pauvre diable, qui, depuis bientôt vingt ans, aurait pu se retirer dans un trou et vivre libre, riche et heureux, — du fruit de son travail et de son économie ! — Et tout cela pour un mécréant qui ne m'aime pas, qui ne me respecte pas, — qui me renie pour son père ! — Pauvre diable est le mot ! — c'est mon nom, — en y ajoutant imbécille, — et aussi injuste et mauvais mari ; — car j'ai condamné ma pauvre femme à la moitié de ma misère et de mes privations, — pour entretenir le luxe de ce scélérat — et lui donner une position brillante dans le monde! — Je le renie à son tour pour mon fils; — c'est Mandrin qu'il s'appelle et non pas Mandron ! — A compter d'aujourd'hui, je ne travaille plus pour lui,—mon frère ne sera plus portier, — ma femme ne sera plus une pauvre femme mal nourrie et mal vêtue, sans distractions et sans plaisirs ; — et moi je ne serai plus un pauvre diable, comme il dit, un pauvre mercenaire !

— Et vous ferez bien, dit monsieur Seeburg; il faut payer ses dettes et ensuite ne plus s'occuper de lui. Mais je n'en reviens pas!

— J'ai de quoi vivre avec ma femme et mon frère Clément. — Nous quitterons Paris sous huit jours, et il n'entendra plus parler de nous... il n'aura plus un sou...

— Ce serait une folie, dit monsieur Seeburg, de lui rien donner après ce dernier sacrifice.

— Quel sacrifice? demanda Mandron.

— Le paiement de ses dettes, dit monsieur Seeburg.

— Je ne paie plus rien, dit Mandron, j'ai trop payé jusqu'ici.

— Cependant, les dettes...

— Ce n'est pas à moi qu'on a fait crédit, n'est-ce pas? puisqu'on ne me connaissait pas, puisqu'il me renie, puisqu'il m'appelle un pauvre diable, — eh bien, que les imbéciles qui lui ont prêté s'adressent à lui !

— C'est que je suis un de ces imbéciles.

— Tant pis pour vous... Vous lui avez prêté de l'argent ?

— Non. Je suis tailleur... c'est moi qui l'habille.

— Ah ! bien, il ne peut pas vous devoir

grand'chose ; il n'y a pas six semaines que je vous ai payé près de quatre cents francs.

— Vous rêvez, mon brave homme, — je n'ai jamais reçu d'argent de monsieur le comte... je veux dire de votre brigand de fils...

— Monsieur, je veux bien appeler mon fils brigand, mais je ne permets à personne d'en faire autant devant moi. — Est-ce que vous ne lui avez pas fait, il y a deux ou trois mois, un manteau et un habit?

— Oui, malheureusement.

— Eh bien! c'est pour payer cet habit et ce manteau que je lui ai donné quatre cents moins quelques francs, il y a cinq ou six semaines.

— Je n'ai pas vu un sou.

— Eh bien! j'en apprends, de belles!

— Monsieur Mandron, je reviendrai vous

voir un autre jour, nous causerons de tout cela.

— Revenez si vous voulez, dit Mandron *à la cantonnade* — quand monsieur Seeburg descend les escaliers, vous n'aurez pas un sou. — Oui, oui, nous allons nous en aller tous les trois ; il a un bon état, il s'arrangera pour vivre avec. — Il est avocat.

— Hélas! dit Clément Mandron, tu n'es pas au bout de tes peines, — j'ai causé ce matin avec le portier ; — ton fils n'est pas plus avocat que toi et moi !

XIII

Journal de Marguerite.

« Les arbres développent leurs beaux panaches verts, — l'aubépine fleurit dans les haies, — où les oiseaux chantent et font leurs nids, — et je sens s'épanouir mon âme — en même temps que les fleurs. — J'entends au dedans de moi un chant d'amour et de reconnaissance. — Jusqu'ici je ne connaissais pas de printemps. — Pour la première fois, des pensées inconnues éclosent en moi comme de célestes fleurs. — L'amour a fécondé mon âme, comme le soleil féconde la terre. — L'amour est le soleil de l'âme.— Où êtes-vous, mon Raoul? — et assistez-vous comme moi à cette belle fête du printemps? — Mais non, sans doute, la vie austère que vous menez pour parvenir à notre bonheur — vous enferme entre des murailles. — Il est des moments où j'ose blâmer mon père de ce qu'il ne me permettrait pas d'être pauvre avec vous, — de vous encourager par ma présence, — de vous rendre doux ce chemin escarpé que vous gravissez, en le gravissant avec vous. — Il me semble que vous seriez plus fort si vous aviez à soutenir votre Marguerite, — que lorsque vous marchez seul. — Pourquoi ne suis-je pas votre compagne plutôt que votre but? — Je ne puis excuser mon père et sa sollicitude qu'en songeant à nos enfants, Raoul, aux enfants que nous aurons un jour et pour lesquels aussi nous aurons des craintes exagérées. O mon Raoul! je n'ai jamais rien tant envié que de partager avec vous cette pauvreté — dont on essaie en vain de me faire peur. — Il me semble que je vous dirais, comme cette héroïne romaine a son époux : « Tiens, cela ne fait pas de mal. » — O mon Raoul! tout ce que vous faites pour moi vous est compté dans mon cœur. — Tenez, je vais ne plus sortir de la journée, pour ne pas goûter ce bonheur que vous ne partagez pas. »

. . . .

« Il y a ici une petite vallée à un quart de lieue de Bolbec. — Quel beau cadre pour notre amour! — Quel doux et charmant asile ce serait pour notre vie! — Raoul, je voudrais vous voir ici bûcheron, — je ne craindrais pas de vous voir vous livrer aux travaux les plus rudes, pour que nous soyons ici — ensemble ; je saurais vous reposer de toutes vos fatigues.

« Cette petite vallée n'est qu'une allée tapissée de gazon, entre deux collines couvertes d'arbres ; — au milieu est une source d'eau limpide qui remplit un bassin naturel, et s'enfuit en murmurant à travers les buissons. — On n'y entend rien que le murmure de l'eau et le bourdonnement des abeilles, qui se suspendent aux chatons de fleurs des noisetiers. — On y marche sur la mousse et sur les primevères sauvages d'un jaune pâle. — Près du bassin, dans lequel se jouent des canards au col vert chatoyant, est une cabane habitée par une famille de bûcherons. — Il y a là trois générations : — une vieille femme qui a près de cent ans, — son fils avec sa femme, — et une belle jeune femme de vingt ans, qui est leur fille, qui est mariée depuis deux ans, et qui a un petit enfant. — J'ai embrassé la vieille femme et le petit enfant. — Mais, vois-tu, mon bien-aimé, — j'ai comme le sentiment de l'envie, — j'ai vu les gens riches, — les splendides hôtels, les meubles magnifiques, — j'ai regardé tout cela avec indifférence ; — mais j'ai envié à ces pauvres gens leur cabane — et leur vallée, et leur mont, et leur ruisseau, et leurs primevères sauvages, et leurs abeilles ; mais plus que tout cela, leur bonheur d'être ensemble et d'être isolés. — Oh! mon bien-aimé ! — j'avais le cœur plein de larmes quand je les ai quittés... »

. . . .

« Nous avons quitté avant-hier l'oncle Sébastien ; — nous sommes à Rouen, — et demain nous partons par le bateau à vapeur pour aller au Havre. — Nous avons visité ici de belles églises. — Mon bien-aimé Raoul, il n'en est pas une où je n'aie prié Dieu pour nous. — On nous avait parlé de la cathédrale et de l'église de Saint-Ouen, — qui sont admirables en effet ; — mais nous en avons par hasard découvert une dont on ne parle guère, et qui est enrichie des plus magnifiques vitraux qu'on puisse voir : — c'est Saint-Patrice. — Hier soir, — je suis restée dans l'église de Saint-Ouen, avec ma tante, jusqu'à la fin du jour ; — les splendides rosaces des vitraux s'assombrissaient lentement ; — ces riches couleurs harmonieusement assemblées, cette belle et silencieuse musique des yeux, — prenait de la nuit qui descendait comme des sourdines harmonieuses, — sous ces grandes ogives noires.

« J'ai songé que dans notre retraite je voudrais que nous fussions près d'une belle église gothique ; — j'ai senti que la religion est une forme de l'amour. — Mais notre cœur ne sera-t-il pas toujours un temple pour la divinité ! — Mais la nature entière ne parle-t-elle pas encore de Dieu plus éloquemment que les églises de pierre ! — Que je vous aime, mon Raoul, de tout ce que l'amour que j'ai pour vous développe en moi de noble et de bon ! — Je ne saurais dire combien je suis meilleure. — Mais qu'est-ce donc, mon Dieu ! que cet amour dont on parle dans le monde et dont on effraie toutes les filles ? — Qu'est-ce que cet amour qui est, dit-on, l'ennemi de la pudeur ? — Mais je ne connais, moi, la chasteté que depuis que je vous aime ; mais je ne comprends la sainteté de la pudeur que depuis que je suis à vous et que j'ai à me conserver pour vous. — O mon bien-aimé ! si vous saviez quelle gardienne sévère je suis de ce qui vous appartient ! Comme je suis jalouse de moi pour vous ! — Je suis fâchée quand j'entends prononcer mon nom de Marguerite par une autre voix que la vôtre. — Je voudrais que vous pussiez me cueillir comme une fleur et me cacher comme elle dans votre sein. »

XIV

Un dimanche, Félix vint trouver Raoul, — et le soir ils allèrent ensemble au Théâtre-Français. — On jouait ce jour-là une pièce nouvelle — dont on parlait beaucoup déjà depuis quelque temps : — c'était *Henri III et sa cour*. — La pièce fut applaudie avec un bruyant enthousiasme ; — ces applaudissements retentirent dans le cœur de Raoul ; il applaudit avec force ; il était singulièrement ému, mais plus peut-être du succès que de la pièce. — On lui avait montré l'auteur dans la salle. — Ce grand succès, — cette gloire, étaient donc des choses possibles. — Voilà un homme qui était mêlé hier à la foule, — et qui aujourd'hui est son roi, — Il quitta Félix et rentra s'enfermer.

— Oh! dit-il en pleurant, bien des fois j'ai pensé que moi aussi je suis poète, — bien des fois j'ai rêvé ces applaudissements pour que Marguerite les entendît; — ô mon Dieu! si j'avais du talent! s'écriait-il en serrant avec force ses deux mains jointes. Sans doute, dans cette salle, il y avait la femme qu'il aime. — Comme elle a dû être heureuse! Et lui donc! — O! mon Dieu! mon Dieu! si j'avais du talent!

Il fouilla dans ses tiroirs et relut tous les vers qu'il avait faits pour Marguerite; il trouva les vers mauvais et les déchira, —

puis se prit à pleurer en disant : — Non, non, je n'ai pas de talent! — Puis il en trouva d'autres pour lesquels il fut plus indulgent. — Il les lut à haute voix. — mais c'était au théâtre qu'il voulait entendre ses vers.
— C'est cet enthousiasme de la foule, — ce bruit, cette fureur qui résonnaient encore à ses oreilles, dont il était envieux. — Il fera un drame, — un drame en vers. — Si le drame est bon, on le recevra avec plaisir, on le jouera avec empressement, — on l'applaudira ; — son front sera ceint de la belle couronne poétique qu'il vient de voir décerner avec tant d'éclat. — Oh ! Marguerite, s'écrie-t-il dans son enthousiasme, Marguerite ! tu seras reine ! — Marguerite ! tu partageras ma royauté, la plus belle des royautés, — celle du génie, — celle des beaux vers !

Il ne dormit pas de toute la nuit. — Il

cherchait un sujet pour son drame. — Une chose qu'il faut dire à sa louange, c'est qu'il ne songea pas à imiter le drame dont il venait de voir l'immense succès.

Le lendemain — il avait trouvé son sujet; c'était naïf, noble et absurde : — un esclave noir, amoureux d'une blanche, fille de son maître et aimé d'elle. — Il commença son scenario; — il forma son plan, divisa ses actes et ses scènes; — puis au bout d'une semaine il commença à écrire son œuvre. — Il se levait avant le jour, travaillait jusqu'au moment de donner ses leçons; — puis le soir se remettait à l'ouvrage en rentrant, et y passait une partie de la nuit. — Tout cela n'avait pas trop le sens commun, pris dans son ensemble, mais renfermait de belles choses. — Cependant Raoul n'était pas un poète dramatique; — il était poète parce qu'il était amoureux; il était poète parce qu'il avait l'âme noble et pure. — Mademoiselle Seeburg le trouva remarquablement maigri, et le lui dit.

C'est à ce moment que les Seeburg s'installèrent dans la maison de Raoul. — Le piano de mademoiselle Seeburg donnait d'heureuses inspirations à Raoul. — Un matin il voulut essayer sur elle l'effet de quelques vers qu'il avait faits la veille pour son drame. Il ne pensait plus qu'à son drame. — Il avait cessé de vivre dans la vie pour vivre dans son drame, — que dis-je dans son drame ! dans sa tragédie, — car c'est une tragédie qu'il faisait, — une véritable tragédie en trois actes et en vers. Esther donna tant d'éloges aux quelques vers qu'il lui en avait dictés. — qu'il arriva tout doucement à avouer la tragédie ; — les poètes ont besoin d'être loués : — donnez-leur un peu plus d'éloges qu'ils n'en méritent, vous pouvez être sûr qu'ils ne tarderont pas à mériter ce que vous leur en avez donné de trop. — Je parle de ceux qui ont du talent, — parce que ceux-là se découragent facilement. — Les autres ne se découragent jamais. — Les éloges que mademoiselle Seeburg avait donnés aux premiers vers que lui dicta Raoul de sa tragédie, lui en firent faire le soir une vingtaine dont il était content. C'étaient quelques bouffées de l'encens de la gloire que devait lui donner sa tragédie qu'il respirait par avance ; il en vint à lui dicter chaque jour les vers qu'il avait faits pendant la nuit précédente. La tragédie de Raoul est précisément cette tragédie que nous avons tous faite au collége — entre la rhétorique et la philosophie. — C'était un plan absurde, — sans aucune étude historique, sans observation de mœurs ni de caractères ; — mais il y avait de l'enthousiasme et un culte fervent pour les deux divinités de la jeunesse, — l'amour et la liberté. — Voici un aperçu de cette tragédie dans laquelle chacun de nos lecteurs trouvera celle qu'il a faite au même âge et dans les mêmes circonstances.

LES ESCLAVES,

TRAGÉDIE EN TROIS ACTES ET EN VERS,

Représentée pour la première fois sur le théâtre... le...

PERSONNAGES :

EMPSAEL, \
ALMIRI, } *Américains bruns*, — fils de Mirrha.

DON FERNANDÈS, — colon *espagnol*, — père de Zoraïde.

DIEGO, — *confident* de don Fernandès.

MAGUA, — vieil esclave.

UNCAS, \
SELIKO, } Esclaves.

MIRRHA.

ZORAÏDE, — *blanche*, — élevée par Mirrha.

LOYSE, — confidente de Zoraïde.

CORA, — esclave, — femme de Uncas.

Esclaves des deux sexes.

Domestiques blancs.

Troupes espagnoles.

(La scène se passe, — au premier acte au milieu d'une forêt, — dans les deux autres sur l'habitation de Fernandès.)

Raoul avait fait de la couleur locale, au moyen d'une trentaine de mots retenus au hasard, — palmiers, bananes, savanes, bambous, etc. ; — mais il ne savait pas plus les mœurs de ces pauvres arbres que les mœurs des Espagnols et des Américains. — Il jouait lui-même tous les rôles, — comme le directeur des théâtres de marionettes, en changeant sa voix de son mieux, — c'est-à-dire que tous ses personnages n'étaient que des personnifications de ses idées à lui. — De même son paysage était pris sur quelque paysage normand ; — il remplaçait les pommiers par des palmiers, les roseaux des mares par des bambous, etc.

Il n'y avait au fond de tout cela de vrai que les deux amours, l'un pour Marguerite, l'autre pour la liberté. — Fernandès était peint d'après son professeur de quatrième, qui l'avait, en son temps, *écrasé* de pensums.

— Marguerite avait posé pour Zoraïde ; — mais Raoul ne connaissait pas plus Marguerite que Zoraïde. — Marguerite était pour lui — ce chêne auquel les Gaulois attachaient tant de riches dépouilles et d'offrandes précieuses, qu'il finissait par mériter une partie des hommages qu'on lui avait rendus d'abord. — Certes, Marguerite était une ravissante et poétique créature, — mais c'était par hasard qu'elle était telle que Raoul la voyait ; — elle eût été tout autre, — qu'il l'eût vue néanmoins comme il la voyait. — Cependant il fallait qu'elle réunît les quelques conditions nécessaires pour ne pas rendre impossible le rôle idéal qu'elle avait à jouer ; il fallait une grande douceur dans le visage, — quelque chose de frêle et de chaste dans les formes. — Ainsi Esther, qui était une charmante fille également, — ne pouvait cependant jouer ce rôle, — tout en étant très-capable d'en jouer un autre aussi ravissant. — Elle avait des formes trop développées, — trop de vivacité mutine dans le regard et dans les gestes. — Et, de plus, elle avait sur la lèvre supérieure l'ombre à peine visible d'un léger duvet.

Revenons à la tragédie.

ACTE PREMIER.

(Le théâtre représente une cabane de *bambous* au milieu d'une épaisse forêt ; — le jour commence à poindre, — le soleil se lève derrière les *palmiers*.)

SCÈNE Ire. — EMPSAEL, ALMIRI.

ALMIRI.

Au front des bananiers déjà brille l'aurore ;
De nuages pourprés l'orient se colore ;
Adieu, *cher Empsaël*, profitons des moments.

Empsaël reproche à son frère ce prompt départ ; — mais Almiri explique qu'esclave fugitif il n'a pas assez d'avoir reconquis la liberté. — Un grand complot va rendre la liberté à tous les noirs, — et il faut qu'il en dirige l'exécution.

Empsaël regrette surtout son départ, parce que ce jour-là il doit épouser Zoraïde.

Raoul suppose que les cérémonies du mariage chez ces Américains, qu'il fait trop noirs, — sont entièrement conformes au rit catholique romain.

Zoraïde est une enfant qu'Almiri a enlevée autrefois dans une de ses courses sur les habitations des blancs. — Elle partage l'amour d'Empsaël. — L'auteur ne dit pas qu'on a publié leurs bans, — mais toutes les phrases à ce sujet rappellent le culte romain — et placent l'église de Saint-Roch dans une forêt d'Amérique. — Almiri n'approuve pas trop cette union ; il avertit même Empsaël — que Zoraïde, par ce mariage, se souille aux yeux de tous les blancs.

Empsaël s'étonne de ce mépris des blancs.

. . . Leur mépris !... Qu'ont-ils de plus que nous?
Au front de l'homme brun le courage étincelle,
L'éclair jaillit au loin de sa noire prunelle.

. . . .

Nos pieds, sans la courber, semblent glisser sur l'herbe, etc.

Almiri réplique avec véhémence :

Ah ! tu ne connais pas toute leur cruauté !
Dix soleils — avant toi j'ai reçu la lumière.
J'ai vu, j'ai vu périr notre malheureux père
Sous les fers qui chargeaient ses membres languissants.

. . . .

Lui-même a été esclave... Le moment est arrivé de venger ses douleurs, celles de sa famille et de ses compagnons d'esclavage. Il recommande sa mère à Empsaël, absolument comme s'il parlait de madame Desloges, domiciliée rue Pigale.

Notre mère... *en ces lieux,*
Empsaël, n'a que toi pour lui *fermer les yeux.*

Peut-être à nos desseins le sort sera contraire,
Peut-être pour jamais nous nous quittons, mon frère.
Je braverais la mort *avecque* plus d'effroi,
Si je ne te laissais pour mourir après moi,
Pour soutenir ses pas appesantis par l'âge,
Pour lui cueillir des fruits, préparer son breuvage ;
Par les soins les plus doux, les plus tendres secours,
D'un éclair de bonheur charmer ses derniers jours.
Si je meurs, Empsaël, cache-lui ta tristesse.
De son cœur maternel abuse la tendresse ;
Qu'elle ne pleure plus…. et ne viens qu'en secret
Répandre sur ma tombe et des fleurs et du lait.

Il part en conseillant à Empsaël de changer de logement, et d'aller, aussitôt son mariage, se cacher sur les bords du *grand lac*.
— Quel lac ? — Nous n'en savons rien, ni l'auteur non plus.

Suit une scène entre Zoraïde-Marguerite et Empsaël-Raoul.

EMPSAEL.

Quoi ! si matin tu fuis ta couche et le sommeil !
La nature en ce jour veut fêter ton réveil.

. . . .
Le *brouillard* en réseau brille encor sur les fleurs.

Zoraïde s'était levée de bonne heure pour prier — le vrai Dieu, méconnu dans le cœur d'Empsaël, d'ouvrir son âme à la lumière.— Alors, dit-elle,

Alors que l'avenir serait beau pour mon cœur !
Au-delà du trépas encore le bonheur !

EMPSAEL.

J'adore, ainsi que toi, le Dieu de la nature,
Le Dieu qui des forêts fait croître la verdure ;
Le Dieu qui fait pour nous et la nuit et le jour ;
Le Dieu dont le soleil est un regard d'amour ;
Le Dieu qui te créa pour embellir ma vie.
Je crois, ainsi que toi, sa puissance infinie !
Tout le montre à mon âme encor plus qu'à mes yeux.
Je le vois, je l'entends, je le sens en tous lieux.
Le murmure des flots et celui du feuillage,
Le sifflement des vents, le bruit sourd de l'orage,

Voilà sa voix ; ce cœur qu'il a mis dans mon sein,
Qui bat auprès de toi, c'est son souffle divin.

Zoraïde espère plus tard qu'il pourra apprendre un catéchisme plus conforme à celui du diocèse de Paris.

Un jour peut-être, un jour, de plus sacrés mystères
Ton oreille et ton cœur seront dépositaires.

Survient Mirrha, à laquelle Empsaël annonce le départ d'Almiri. D'abord elle s'afflige ; — puis en songeant à ses enfants, — elle se proclame une heureuse mère.

Oh! non, ne pleurons pas, son généreux courage
Doit être mon orgueil, l'espoir de mon vieil âge.
Le bonheur d'une mère est tout, *tout* dans ses fils.
A quelle autre l'orgueil serait-il mieux permis!
Mes fils! leur taille est souple, et de leur front *sauvage*
Des plus hauts cotonniers ils touchent le feuillage.

Plus noirs et plus brillants que l'aile des corbeaux,
Leurs longs cheveux flottants retombent sur leur dos.
Etc., etc., etc.
Et toi, ma fille, aussi, ma *bru*, ma chère enfant,
De tes attraits aussi, de ton cœur je suis fière.
Viens, je vais te parer ; que la main de ta mère
Attache sur ton sein le bouquet virginal.

Comme je vous le disais, ceci n'est pas extrêmement sauvage. Les quatre vers suivants ont été *traduits en sauvage* avec plus de soin.

Mon fils, pour compléter le festin nuptial,
Va percer dans les bois quelque biche imprudente.
Nous, nous ferons couler la liqueur enivrante
Que le tronc des palmiers recèle dans son sein.

Tandis que, rue Pigale, — on aurait dit : Commande des pieds truffés au café Anglais, — et vois si nous avons encore du vin de Champagne.

Mirrha et Zoraïde rentrent dans la cabane. Empsaël reste seul. Fernandès et Diégo, à la recherche de quelques esclaves des fugitifs, se sont égarés dans la forêt et demandent leur chemin à Empsaël. Celui-ci imite librement l'églogue de Virgile :

Sunt mihi dulcia poma,
Castanœ molles, et pressi copia lactis.

J'ai là des cocos frais et de nouvelles dattes,
Des ignames, du riz, des citrons, des patates;
Des fruits que nous produit le soleil créateur,
Nous réservons toujours la part du voyageur.

Fernandès, le professeur de quatrième, envoie, par un aparté, Diégo, — qui se rappelle alors merveilleusement les chemins, se remet en route, — et Fernandès, le traître Fernandès, jase avec Empsaël pour l'*amuser*. Il lui demande adroitement s'il est seul dans cette cabane. — Le naïf Empsaël lui dit :

Regarde autour de toi, — vois la nature entière ;
Les oiseaux, quand la nuit s'étend sur les déserts,
S'envolent deux à deux sous leurs ombrages verts.
Le palmier croît toujours auprès de sa femelle.

(Système Linnée.)

Autour des *lataniers*, — la liane *fidèle*
Grimpe et laisse tomber son feuillage flottant.

Fernandès veut entrer dans la cabane, — Empsaël l'en empêche.

FERNANDÈS.

. . . . . . N'as-tu jamais appris
Que les blancs sont les chefs, les rois de ce pays ?
Que les noirs de leurs pieds adorent la poussière.

EMPSAEL.

Qui ! vous ! les hommes blancs ! vous ! rois de cette terre ?
Et qui vous l'a donnée ?

FERNANDÈS.

Un Dieu dont le courroux
Peut briser les faux dieux que vous adorez tous,
Notre Dieu, le seul Dieu de la terre et de l'onde.

EMPSAEL.

Que ne vous donnait-il une terre féconde
Assez pour vous nourrir sans traverser les mers,
Sans venir ravager nos fertiles déserts !
O compagne de l'homme, — ô vierge aimable et pure,
Hôtesse des déserts, reine de la nature,
Le plus noble présent de la Divinité !
Tout meurt lorsque tu fuis, auguste liberté.
Du léger colibri l'étincelant plumage
Perd ses riches couleurs, terni par l'esclavage,
Et le lion captif perd sa noble fierté.
Le grand Esprit des noirs punit l'iniquité.
Il a jeté sur nous un regard de colère
Et mis aux mains des blancs sa foudre meurtrière.
Invincibles tyrans de la terre et des flots,
Les blancs sont arrivés sur d'immenses canots.
Tout s'est tû devant eux et devant leur tonnerre :
Comme le vent d'automne ils ont rasé la terre,

En laissant derrière eux le deuil et le trépas ;
Les corbeaux ont suivi la trace de leurs pas.
Mais ils ont abusé de leur divin message,
Le grand Esprit sur eux fait gronder son orage ;
Ses yeux ont vu couler les pleurs de ses enfants,
Son oreille a compris leurs douloureux accents ;
Sur vous à votre tour va tomber sa colère,

Mirrha et Zoraïde sortent de la cabane. Fernandès commence par faire *des compliments* à Zoraïde, puis découvre qu'elle est sa fille. Elle le prie de consentir à son mariage dans le véritable style de la tragédie.

Mon père bénissez notre heureux hyménée,

Le père se conduit en père espagnol et en père de premier acte, il refuse net ; mais, par respect pour Aristote et pour garder une sorte d'unité, il fait charger Empsaël de chaînes, et on l'emmène avec Zoraïde. On refuse d'emmener la pauvre vieille Mirrha, qui ne peut travailler et mourra de faim si elle veut ; on renverse sa cabane, et on fait avancer Empsaël en le battant ; le rideau tombe, le premier acte est fini.

Tout ceci ne manquait ni de sensibilité ni d'une sorte de grandeur un peu ampoulée, — mais surtout — il y avait de l'amour, — de l'amour jeune, naïf, ardent, poétique. Mademoiselle Seeburg fut enchantée de ce premier acte. — Pour Raoul, — il serait impossible de dire tous les rêves que lui fit faire sa tragédie. — Que de gloire, que d'amour, que de bonheur il voyait dans l'avenir !

Je ne sais si mademoiselle Esther eût autant aimé le drame si elle eût su que dans tous ces rêves d'avenir elle n'entrait absolument pour rien ; qu'en écrivant ces vers amoureux, si Raoul était Empsaël, c'était

Marguerite qui était Zoraïde, — et que, ces vers finis, c'était pour Marguerite qu'il désirait de la gloire et de l'argent.

Monsieur Seeburg sortait presque tous les soirs. — Il allait au café du coin de la rue jouer avec quelques-uns de ses amis. — Raoul, qui était descendu passer la soirée un jour qu'il pleuvait à verse, fut surpris de ne pas trouver son voisin. — Alfred était seul avec sa sœur. Alfred se coucha, et Raoul resta avec mademoiselle Seeburg.

— Que faites-vous de vos soirées ordinairement? lui demanda-t-elle.

— Autrefois, dit-il, j'allais quelquefois chez des amis, mais ils sont en voyage et je ne vais plus nulle part.

— C'est comme moi, dit-elle, je passe presque toujours mes soirées seule. Alfred se couche quand il a fini ses devoirs pour le collège, — et moi, je travaille, je brode, je fais un peu de musique ; — total, je m'ennuie ! Quel dommage que ce ne soit pas le soir que vous nous donniez votre leçon !... Si cela ne vous dérangeait pas, ce serait facile à changer.

— Je suis entièrement à vos ordres, mademoiselle.

FIN DU PREMIER VOLUME.

Sceaux, Impr. de E. Dépée.

Chez les mêmes Éditeurs.

SOUS PRESSE:

LE
CHATEAU DES DÉSERTES,
PAR
GEORGE SAND.

2 volumes in-8°. — Prix : 12 francs.

LES
GAITÉS CHAMPÊTRES,
PAR
JULES JANIN.

2 volumes in-8°. — Prix : 12 francs.

EN VENTE :

LA
BONNE AVENTURE,
PAR
EUGÈNE SUE.

4 volumes in-8°. — Prix : 24 francs.

SACS ET PARCHEMINS,
PAR
JULES SANDEAU.

2 volumes in-8°. — Prix : 12 francs.

Paris. — Imprimerie de madame veuve Dondey-Dupré, 46, rue Saint-Louis, au Marais.

www.ingramcontent.com/pod-product-compliance
Lightning Source LLC
Chambersburg PA
CBHW070622160426
43194CB00009B/1343